答えのない教室

3人で「考える」算数・数学の授業

梅木卓也
umeki takuya

有澤和歌子
arisawa wakako

JN028083

新評論

まえがき

　教室に入ると壁四面すべてに、黒板ではなくホワイトボードが敷き詰められている。各面のホワイトボードはさらに3分割されて、その一つ一つに3人ずつの生徒が立っている。とても騒がしい——でも、すべての生徒が数学の問題に「あーでもない」、「こーでもない」と言いながら取り組んでいる。

　教師はというと、教室を歩き回りながら各グループの会話に耳を澄ませている。あるグループの生徒は、どうしてもグループで出した答えに納得がいかない様子である。もう一人の生徒が「もう一度解き直してみよう」と提案して、答えを書き出している。

授業風景（写真提供：ティファニー・ニッシュ氏）

　ほかのグループはというと、どうも行き詰っている様子である。そこで教師がひと言。

「あのグループを参考にするといいよ」

　少しの間をおいて、このグループから「あ〜そうか」という声が聞こえてくた。

　もう一つのグループでは、今までに解いた問題から導き出される一般式をつくり出そうと意気込んでいる。

　このような様子が、カナダのありふれた授業風景である。

　それにしても、このクラスはエネルギーで満ちている。書いては消し、書いては消しを繰り返し、生徒同士の話し合いのなかで理解が構築されていく。授業中に発生するまちがいについては、話し合いにおいてより正しい理解の輪郭をそれぞれの生徒のなかにつくっていく。失敗は恐れるものではなく、むしろ理解を助けるものになっている。

　カナダに渡った当初、このような授業風景を前にしたとき、「驚き」よりも「戸惑い」を感じたほどである。

大学進学への疑問

　カナダの公立高校で私が数学を生徒に教えるまでの道のりは一貫したもので、**「当たり前に疑問をもつ」**という心情からはじまった。高校に進学したとき、自分のなかの何かが「ずれている」ことに気付いたからだ。高校受験、大学受験、そして就職——この流れがどうしてもしっくりこなかった。

　昔から数学は好きだった。パズルのピースがつながるような

感触が心地よかったし、バラバラに見えていたものがきれいに
つながったときには「美」というものを感じた。でも、当時は
数学を好きだからと言って、それが仕事につながるとは思えな
かったし、生活していけるとは思わなかった。かといって、と
くにやりたいこともはっきりしていたわけではないし、確実に
近づいている「大人にならなくてはいけない」という壁を感じ
ながら悶々と過ごしていた。

　それにしても、今まで歩いてきた当たり前のレールに疑問を
抱くというのは危険なことである。なぜなら、疑問に気付いて
いながら、目をつぶっていたという我が身を自覚しはじめるこ
とになるからだ。

　何のために毎日学校に行っているのか、何のために毎日何時
間も部活をやっているのか、なぜ自転車で40分以上もかけて通
学し、家に帰ってからまた宿題を一生懸命やっているのか……。
明確な目標もないのに、ただ走り続けるという行為をやめた瞬
間である。

　半年ほど不登校となり、何とか高校を卒業して「自分探し」
をはじめることにした。このときが、人生における初めての
「自分探し」である。初めてアルバイトをした。他県の青年と
の交流事業にも携わった。同年代の青年と交流するなかで、少
しずつだが自らの世界観が変わっていくようになった。

　そんななか、英会話の勉強をはじめることにした。主要科目
では一番苦手な科目だったが、話すことには興味があった。英
語で話していると、言語的な理解だけではなく、自分の知らな
い文化への理解が少しずつだが広がっていくように感じられた。

1年ほど勉強して、日本にいるかぎりこれ以上は伸びないなと思い、その当時の最善のオプションとして、ワーキングホリデイビザを使ってカナダに渡ることにした。

カナダの教育との出合い

バンクーバーに渡った。カナダを選んだことに大した理由はない。海外に出たことのない私に留学エージェントが、「ワーキングホリデイを使うなら、カナダがいいですよ」とすすめたからである。その理由は、「発音がきれいだから」というだけである。

実際に行ってみたところ、そんなことはなかった。移民大国のこの国では、200を超える言語が家庭で話されているのだ。とても「きれいな英語」には聞こえない。それどころか、さまざまな国から来た人たちが、母国語や自分たちの文化を大事にしている様子がうかがえる。そして、母国語のアクセントの影響で、英語も「アクセントのお祭り状態」となっていた。そんななかでの生活となった。

カナダに来てからすぐ、語学学校のプログラムの一環として、1週間ほどデイケア（学童保育）でボランティアをさせてもらった。数か月後、そこから連絡をいただいた。「ワーキングビザをもっているならうちで働いたら」という依頼だったので、こんなチャンスはないと思い、学童保育での仕事をはじめることにした。

そこには、幼稚園から小学5年生くらいまでの子どもが、小学校に隣接する敷地内に始業前と終業後にやって来る。室内に

は、ボードゲーム、ままごとセット、本やレゴがあふれている。そして屋外では、ホッケー、サッカー、縄跳びやチョークを使って遊んでいる。要するに、一緒に遊ぶことが仕事なのだ。

ここには、肌の色も目の色も違う、さまざまな人種の子どもたちが集まっていた。何とも刺激的だった。子どもたちとかかわるなかで、カナダという国の文化に対する理解を深めていったという感じである。

大人と子どもの関係性、つまり、生徒が好ましくない行動をとったときにどのように対処するのかなど、学ぶことがたくさんあった。なかでも、小学校1、2年生は英語の発音に容赦がない。こちらの言うことの内容をくみ取り、何を言いたいのかと想像していたようだが、とにかく発音が気になるようで、少しでも違うと直してくる。正直、これにはかなり苦戦した。

その後、ワーキングホリデイの1年では足りないと思って就労ビザを申請することにした。また、移民ビザも申請して、取得し終わったころ、「さて、これから何をしようか?」と悩みはじめた。学童保育の仕事はとても楽しかったが、給料に限界があったし、移民ビザも取れたことだし……と、次のステップを考えることにした。

学童保育では障がいをもった生徒にかかわることがあったので、この経験を生かして次のステップを考えると、教育委員会における「教育アシスタント(EA:Educational Assistant)」という道が見えた。そして、障がいをもった生徒と一対一で向き合うことにした。日本でいえば支援員のような役割だが、一応公務員だし、学童保育で働くよりは給料もよく、仕事の内容

もさほど変わらなかったというのがその理由である。

　このような事情で、カナダの教育、とくにインクルーシブ教育について学ぶことにした。カナダでは、障がいをもった生徒が、その程度にかかわらず普通クラスにおいてみんなとともに学んでいる。発達や習熟度の違いによって学ぶ内容は多少違っているが、教育アシスタント（EA）のサポートを得ながら学びを進めている。

　小学校では完全なインクルーシブ教育が成立しているカナダだが、高校（日本の中学2年から高校3年に相当する5学年）になると少し変わってくる。障がいの程度が重度になると、それぞれの生徒に合わせる形で特別支援学級のようなところで1日を過ごし、家庭科や体育では普通クラスに参加する。たとえば、家庭科で料理をするときには、ほかの生徒と一緒にクッキーやマフィンをつくるし、体育の時間ではみんなと一緒にバスケットボールやサッカーに興じている。

　一方、障がいの程度が軽い場合は、可能なかぎり普通クラスに入り、1日4時限のうち、最低でも1時限を「サポートブロック」と称される宿題や課題を手伝ってもらう時間に当て、ほかの3時限の予習や復習、宿題などのサポートを受けている。

　学童保育では小学生だけを相手にしていた私だったが、教育アシスタントになってからは、臨時スタッフとして、必要に応じて小学校から高校までさまざまな場所で働いた。小学生のもつエネルギッシュな感じは魅力的だったが、落ち着いた高校生たちと政治、経済、キャリア、そして将来のことなどについて当たり前のように話せるという状態が妙に楽しかった。

　そんなある日、サポートブロックで学習障がいのある生徒の科学や数学の課題を手伝っていたとき、8年以上もやっていなかった内容をスラスラと教えている自分に気付いた。生徒も、私の教える内容がよく分かるのか、頷いている。何が理由なのか分からなかったが、知識の伝達という環境が思いのほか楽しかった。言ってみれば、このときが「教える」というキャリアを自覚した瞬間である。

　当時27歳の私が、その後、数学と特別教育を大学で学び、学生ローンという借金を一切せずに、パートタイムで働きながら卒業するといった道のりがいかに苦痛に満ちたものであったかについては本書の趣旨から外れるので省略させていただくが、時には「喜び」もあったことだけは述べておく。

　とにかく、32歳のときに、最初の学位をサイモンフレイザー大学（Simon Fraser University：SFU）で取り、33歳のときにブリティッシュコロンビア大学（University of British Columbia：UBC）の教育学部を卒業して、晴れて高校の数学教師となっている。

ブリティッシュコロンビア大学　©スカイエズ

「答えのない教室」との出合い

「答えのない教室」——英語で言うと「Thinking Classrooms」となる。このように表現される教育手法は、私が住んでいる所にあるサイモンフレイザー大学において、数学教育学で著名なピーター・リリヤドール教授（Peter Liljedahl）によって提唱されているものである。地元の大学教授が提唱しているということもあって、教師になる前から、大きなカンファレンスや研修会などで紹介されている様子を目にしていた。

　イメージとしては、誰かに頼って数学を学ぶというよりは、「**考える**」こと自体が楽しめるようになるという授業である。教員研修会などでは、３人ずつのグループになって提供された問題に取り組んでいるが、とても楽しいし、つい夢中になってしまう。

筆者が勤務する「ポイント・グレイ・セカンダリー・スクール（Point Grey stəywəte:ń Secondary School）」stəywəte:ń は原住民に対する配慮で、その言語が併記されている

　とはいえ、この研修会で習ったことが普段の授業においてどのように生かされるのかについてまではイメージが湧かなかった。単発の面白い授業ならできるだろうが、それを日々の授業に落とし込めるのだろうか、そんな疑問があった。

　2020年10月、「Thinking Classrooms」の15年以上にわたるリリヤドール教授の研究の成果が『*Building Thinking Classroom in Mathematics*（数学における考える教室のつくり方）』として出版された。そのなかでは、1から14のステップを順番に踏むことで、より主体的で能動的な学びが実現するという手法が描かれていた。

　そして、幸運なことに、当時赴任した高校には、この教育手法を実践している教師が3人もいた。そのうちの1人は、リリヤドール教授のもとで博士課程を進めているという。このような縁に恵まれたことで、各ステップを実践しながら同僚と対話を繰り返し、当初はイメージできなかった「Thinking Classrooms」がはっきりと浮かび上がってきた。

　参考までに、『数学における考える教室のつくり方』に描かれている「14のステップ」を紹介しておこう。なお、白抜きの数字となっている項目については、本書において具体的な例を挙げる形で紹介

リリヤドール教授

をしている。「それ以外の項目についてはどうするのだ！」という声が聞こえてきそうだが、あくまでも本書は「答えのない教室」を紹介するための「イントロダクション」という役目を担っているので、残りの項目については、原書の翻訳が待たれる。もちろん、私もそれに携われることを願っている。

❶「答えのない教室」ではどのような問題を扱うのか。

❷「答えのない教室」における、協働的なグループのつくり方。

❸「答えのない教室」では、生徒はどこで活動するのか（学ぶのか）。

④「答えのない教室」では、机などの家具をどこに置くのか。

❺「答えのない教室」では、生徒からの質問にどのように答えるのか。

❻「答えのない教室」では、問題がいつ、どこで、どのように提示されるのか。

筆者の教室で行われている「答えのない教室」

⑦「答えのない教室」では、宿題はどのような形で提供されるのか。

❽「答えのない教室」では、生徒の主体性をどのようにして伸ばすのか。

❾「答えのない教室」では、ヒントや応用問題をどのように使うのか。

❿「答えのない教室」では、どのように授業の「まとめ」をするのか。

⓫「答えのない教室」では、生徒はどのようにノートをとるのか。

⑫「答えのない教室」では、何をどのように評価するのか。

⑬「答えのない教室」では、形成的評価をどのように使うのか。

⑭「答えのない教室」では、成績をどのように付けるのか。

⑮補足として、上記のステップをどのように組み合わせて「答えのない教室」を実現するのか。

　本書では、前述したように、北米で研究され続けている「答えのない教室（Thinking Classrooms）」の様子を、日本での実践もふまえながら読者のみなさんに紹介していきたい。

　言うまでもなく、読者対象となるのは教育関係者や教育そのものに興味のある人たちとなるわけだが、私としては、現役の小中高校教師、そして未来の教師を輩出することになる、教育大学に在籍している研究者などを一番に挙げたい。

　本書を、「海外で教えている日本人教師であればできるだろうが、日本ではできない」という読後感で終わらせたくないと思っている。本書で描かれている教育手法が、どの教師でも、どの学年でも、どの教科でも、明日から使える教育手法であることをさまざまな手段で伝えたいと考えている。

　まちがいなく教室の風景が変わる「答えのない教室」の様子、それが冒頭に紹介した授業風景である。

もくじ

第4章／「答えのない教室」で気を付けたい点 85

第5章／「答えのない教室」に関するインタビュー 111

第6章／楽しい学校の授業はダメですか（有澤和歌子）155

第7章 学校は「考える」場所である（有澤和歌子）187

答えのない教室

——3人で「考える」算数・数学——

第 1 章

「答えのない教室」
の骨格

カナダの教育

　2007年度から住んでいるカナダのバンクーバー市。2010年に冬季オリンピックが開催された都市である。アメリカとの国境は近く、車で30分から40分も走ればアメリカとなる。緯度が北海道と大して変わらないため、冬はかなり寒いと思われるかもしれないが、雪が降ることは滅多にないし、積もったとしても年に数回ほどである。ただ、雪が積もると交通網はかなり混乱してしまうが……。

　夏の気温は30℃前後で、湿度は低く、木陰に入れば涼しいぐらいである。「まえがき」でも述べたように、移民の受け入れは世界でも屈指で、街を歩くと、何百という言語が飛び交っている。

　このようなバンクーバー市の公立高校で私は働いている。高校といっても、カナダでは「グレイド8」（中学2年相当）か

バンクーバーの街並み

ら「グレイド12」（高校3年相当）までの5年間を意味しており、学校にもよるが、1,000人から1,500人前後の生徒を抱えている。日本のように教師が各教室に移動する形ではなく、決まった時間になると生徒が教師のいる教室に来る形となっている。つまり、教師一人ひとりが自分の教室をもっているということだ。

　それぞれの教師が、飾りたいポスターや必要な家具、そして電化製品を置いている。ちなみに、私の教室には電子レンジと冷蔵庫が置かれている。

　このように自分の教室があるため、職員室というものがない。教職員が集まって昼食をとるスタッフルームはあるが、昼食時間くらいは一人になりたいと思って、私は自分の教室で昼食をとっている。

　1時限は80分。「まえがき」で述べたように1日に4時限あり、10分の休憩と45分の昼食時間がある。

　クラスの人数は30人までとなっている。地元で育った移民2世以降の生徒もいれば、留学生もたくさんいる。また、学習障がいや発達障がいをもった生徒も、クラスに最低2〜3人は在籍している。

　当然のことながら、国籍や家庭で話す言語もバラバラで、

筆者の教室。「写真を撮る」と言ったら、みんな顔を伏せた。

教育に対する価値観も違っている。このような環境下において、私がどのように「答えのない教室」に行き着いたのかについて話していきたい。

普段の授業での疑問

まずは、カナダの一般的な数学の授業について話してみよう。

基本的に生徒は、日本の大学生のように必須科目と選択科目を事前に選び、スケジュール（時間割）を組むことになる。言うまでもなく、時間になると始業ベルが鳴り、自然な形で授業がはじまる。

クラスごとの役割分担というものが生徒にはない。つまり、学級委員長はいないし、係活動も当番活動もないということだ。必要とされることは、教師が行うか、その都度生徒に依頼するという形である。なので、「起立・礼」などといった号令もない。

日本に比べると教室は少し広めで、黒板が設置されている教

カナダの一般的な教室

室も残っているが、ほとんどの教室にホワイトボードが設置されている。ホワイトボードの前に教師の机が置かれ、そこを起点にして、生徒の机が整然と並んでいる。このような配置は、日本のそれと一緒である。

　ほかの3面の壁は、別のホワイトボードを設置しているクラスもあれば、掲示物が飾られているクラスもある。また、各教室には、上下にスライドするスクリーンとプロジェクターが置かれている。

　一般的には、教師が前日の内容について振り返り、前日に出していた宿題の答え合わせをする。そのあとに、その日に学ぶ内容について簡単な例題を示しつつ、教師が説明をしていく。数問の例題を解いていくなかで、部分的に答えを生徒に求めるという教師もいるし、例題に似た演習問題を生徒に解いてもらい、4〜5分後に答え合わせをするという教師もいる。

　このような一連の流れ、つまり「教師が解く━━部分的に生徒と一緒に解く━━最後に生徒が解く」という流れ（北米では「I Do, We Do, You Do メソッド」と言う）を数回繰り返し、徐々に例題のレベルを上げていき、最後に宿題や課題を出して80分の授業が終わる。

　大学生時代も、教育アシスタントの臨時スタッフ（オンコール）として授業の合間をぬって働いていたので、このような授業スタイルは山ほど見てきた。とくに疑問に思うこともなかったし、難しい内容をうまく説明している教師に出会うと、ちょっとした感動すら覚えたものである。そのころは、「数学をいかに分かりやすく、身近なものにすることが大切である」と思

っていた。「きれいに説明する」ことが「きれいに理解する」ことにつながる、と本気で信じていたのだ。

教師になった初年度は、前例踏襲で、今まで見てきた数学の教え方にならって教えていた。生徒はというと、私の話をちゃんと聞いているように見えた。実際、頷く生徒が多いし、黙々とノートをとり、出された演習問題を素直に解いているように思えた。

ところが、生徒一人ひとりをよく見てみると、実は違っていることに気付き出した。必ずと言っていいほど、何もしていない生徒がクラスに一定数いたのだ。ノートもとっていないし、どれだけ注意してもスマホばかり見ている。さらに、しっかりと聞いて、ノートをとっている生徒のなかから、演習問題の段階になると次のような質問や意見がよく出てきた。

「先生、これはどうやって解くんですか？」

「先生、この問題はさっきの例題と違うので分かりません」

「先生、とにかく解き方を教えてください」

出した演習問題は極めて例題と似ているものなので、このような質問や意見が出ること自体が私には不可解でしようがなかった。

よく考えてみてると、最初の質問が意味するところは、例題の説明を聞いたり、板書されたものを写すという行為のときに頭をまったく使っていないという証明になる。耳には入っているのだろう。手も一生懸命動かしているのだろう。しかし、頭を使って、問題をどのように、そしてどういう方法で解いてい

るのかという問題解決力や分析能力が欠けているのだ。

　二つ目に挙げた生徒の意見は、例題で解いた問題との類似性が見いだせないということである。つまり、特定の例題から演習問題に必要とされる普遍的な理解、またはつ・な・が・り・が得られないということである。

　いろいろな角度から、問題の要点、なぜこのように解くのかといった理由を私が分かりやすく生徒に説明しはじめると、三つ目に挙げた「とにかく解き方を教えてください」という意見が成績優秀な生徒のなかから出てきた。この意見が意味するところは、とりあえず問題を解いて正解を出したい、最終的な答えのみが大切なのであって、そこに行き着くまでのプロセスはそれほど重要ではない、ということになる。

　このような発言に共通していることは何だろうか。分析したり、つ・な・が・り・を見つけたり、論理的に構築していくという姿勢とは180度違うものを生徒たちは望んでいるのだ。ただ、教師の示した解き方を鵜呑みにして、言われたとおりに答えを見つけていく——いわば流れ作業である。

　このような学び方だと、マニュアルどおりにはいかない問題に出合った場合は、新しいマニュアルを手に入れるまで身動きがとれなくなってしまう。

　本来、思考力を必要とする学問の一つである数学が、これらの生徒にとってはただの「○×ゲーム」に成り下がってしまっている。何とかして、少しでもいいから**考える**という行為をしてもらいたい。とはいえ、現状の教育スタイルは、教師が分かりやすい教え方をいかに提供するか、つまり生徒が簡単に

理解できるようにつくられている。もちろん、分かりやすい教え方が提供できる教師ほど重宝されるし、生徒のほうもそれを歓迎している。

まさしく「おんぶにだっこ」という関係性に気付いたところで、学校というシステム全体に蔓延している教え方であることから、そんな状態をいかに変えていくのかという光明は一切うかがえなかった。

このままではいけない、このままの教え方ではいけない、と切実に思った私だが、解決策に関しては一向に見いだせるような気配がなかった。

2割の壁

そんな折、「まえがき」で紹介したリリヤドール教授の本『Building Thinking Classroom in Mathematics（数学における考える教室のつくり方）』が出版された。元々カナダで高校教師をしていた教授は、数学による問題解決能力の発展について研究を続けていた。そして、ある日、高校のあるクラスを訪問した際、一般的な問題は解けても、見たことのない問題に直面したとき、ほとんどの生徒が為す術もなく諦めていく様子を目の当たりにした。

このときの経験がきっかけとなって教授は、まず幼稚園から高校までの40クラスを訪問調査することにした。そこで分かったことをひと言で述べると、「**生徒は考えていない**」ということであった。

　考えている生徒の比率がどれくらいかというと、クラスの2割程度でしかなかった。それも、80分という授業時間全体においてである。つまり、一般的な30人のクラスにおいては、6人ほどが15分程度しか考えていないということになる。逆にいえば、残りの24人は授業中に一切考えていないということになる。

　では、考えていない生徒はいったい何をしていたのか。「どうせ教師が解答を書いてくれるんだから」と思いながらページをめくりつつ、トイレに行ったり、水を飲んだり、スマホを触ったり、演習問題をやっているふりを忙しそうにしていたという。

　とにかく、ふりをしているのだ。考えているように見えても、実は教師のまねごとをしているという生徒が結構いたという。言うまでもなく、教師の書いた例題をそのままなぞって解いているだけなので、少しでも問題の出し方が変わっていたり、抽象的な出題をするとたちまちどうしようもなくなってしまうという状態であった。

　要するに、考えない生徒が蔓延していたということだ。まさに私が感じていた疑問に似ているわけだが、「**2割の生徒が2割の時間しか考えていない**」と改めて言われると衝撃であった。

　それからというもの、授業中における生徒の様子を観察するようになった。すると、まさにふりをする生徒の多さに気付いてしまった。

　さらに、考えるのではなく、なぞるだけの生徒が多いことにも気付いた。なぞっているからこそだが、少し問題の出し方を変えるだけで解く方法が分からなかったり、例題との類似性に

気付かない。最終的には、前述したように、「ただ解き方を教えてください」という発言につながる背景が分かり出した。

　言葉を換えれば、生徒は考えるという経験自体が今までになかった、と気付いたということである。学校教育を受けている10年以上もの間、数学にかぎらずほかの教科においても「**考える**」という行為が必要でないとすると、公教育を終えた生徒にできることとはいったい何だろうか。ある権威をもった人から言われたことを、何の疑問も抱かず、ただ言われたとおりにするだけなのか……。このようなことを考え出すと、思わず恐怖感を抱いてしまった。

　そんなことを教えるために教師になったわけではない！　自分で考えて、自分のなかの疑問に真正面からぶつかって、周りの人と協力をしながら判断し、人生を切り拓いていく——このようなことを伝えるために私は教師になったのだ！

　まだ新米教師の立場だったが、生徒に対して「申し訳ない」という思いを抱きはじめた。

　リリヤドール教授は15年にわたって研究を続け、どうすればこの「２割の壁」を乗り越えられるのかと考え続けたという。つまり、どうすればより多くの生徒が、より自然な形で長い間考えられるようになるのか、についてである。

　そのために、何をどのように変えていけばいいのか。バリエーションをつくって、さまざまなことを試してみたという。たとえば、どのような問題が考えることに適しているのか、どのような環境が考えることに適しているのか、などである。

とにかく、学校教育が成立してから150年以上にわたって継続されてきた「教える」という行為を400人以上の教師とともに実験し、検証していったわけである。そして、その成果を『*Building Thinking Classroom in Mathematics*（数学における考える教室のつくり方)』という本にまとめた。以下では、その骨格となる点について話をしていきたい。

『Building Thinking Classroom in Mathematics』の書影

座るのか立つのか

一般的な教室を思い浮かべてほしい。きれいに並んだ机の前には、教師が立つ教壇がある。教師は基本的に立っており、生徒は基本的に座っている。

学校教育の当たり前は、探し出すときりがない。そして、それらは、基本的に生徒を統制（コントロール）するためにつくられたものである。

そもそも学校教育自体が、「牢屋（プリズン）」、「教会（チャーチ）」、「工場（ファクトリー）」をベースにしてつくられたものである。産業革命以降、街にあふれかえった出稼ぎ労働者の

子どもたちをどうにかしようとしてはじまったもの、それが教育である。だから、当たり前に行われていることは、生徒のためというよりは、教師や学校組織のためになされている場合が多い。

　その一つが、きちんと並べられた机に座って学ばなければならないというスタイルである。このような形式は、生徒が考えるという行為をするときに適しているのだろうか。座ったままのほうがいいのか、立ったほうがいいのか。また、問題を解く際には、紙に書くのがいいのか、ホワイトボードや黒板のほうがいいのか……。

　リリヤドール教授の実験結果を読むと、座るよりは立つほうが、紙に書くよりはホワイトボードや黒板のようにすぐ消せるものに書いたほうがいい、ということが分かった。

　私のクラスでもよく見られる光景だが、座ったままでいることの第一の問題点は、「見られていない」と生徒が思いがちになることだ。北米の一般的な生徒の机には文房具を入れるようなスペースがなく、4本足の上に木の板が載っているだけというものである。だから、座っている生徒がスマホを触っていればすぐに分かる。

　しかし、なぜ彼らは、座っていると「見られていない」と思い、立っていると「見られている」と思うのだろうか。確かに、立っているとスマホをポケットから出すということはしない。仮に出したとしても、すぐにポケットに戻している。

　スマホにかぎらず、座っていると何かをしているふりがしやすいようだ。どれだけあからさまな行動であったとしても、生

徒にとってはふりであり、立っているとそのようなふりが極めて難しくなるため、考えやすい状況となる。

　逆に言えば、立っていると何かをしなくてはと思ったり、動きやすくなるようで、より考えるという行為に適していると言える。

　そして、書く方法について言えば、すぐに書き出せるかどうかにかかっているようだ。ホワイトボードや黒板の場合は「書いたり、消したり」という行為を繰り返せるが、紙の場合、ある程度考えがまとまってから書こうとしてしまう。つまり、ホワイトボードや、その代用として窓ガラスなどを使った場合は、とりあえず書いてみようという気持ちが生まれやすいのだ。

　日本では、窓ガラスに書くとなると、即「落書き」という印象をもたれるだろうが、カナダではホワイトボードの代用としてよく使われている。水性マーカーを使っているので、きれいに「書き消し」ができるのだ。

　ホワイトボードにしろ、窓ガラスにしろ、仮にまちがったことを書いたとしてもすぐに消せるという安心感があるため、「まちがってもいい」という安心感が生まれるので生徒たちも気が楽になる。

　書き出すまでのスピード感

窓ガラスに書く（写真提供：ティファニー・ニッシュさん）

と、まちがえてもいいという安心感は、考えるという行為を実現するために重要となる。ちなみに私は、縦90センチ、横60センチくらいの、ラミネート加工された薄っぺらなホワイトボードを教室中に張り付けて授業を行っている（xページの写真左端参照）。

余談だが、生徒が「立つのは嫌だ、座りたい」と言うことが稀にある。そのようなときは、「ほかのクラスでは1日中座っているのだから、このクラスくらいは立って学ぼうよ」と言ったり、「立って学ぶほうが座って学ぶよりも健康的だよ」と伝えたりしている。私の授業では20分から30分程度立っているので、ちょうどいいエクササイズになる。

グループの最適人数は何人か

紙に書くよりは、ホワイトボードのようにすぐに消せるほうがいい。そして、座った状態よりも立っているほうが考えやすいということについては分かっていただけたと思う。次に大事なのは、ホワイトボードを使って立った状態で問題を解くにしても、適正とされる人数は何人かということである。

1人であれば、できる生徒は次から次へと解いていき、できない生徒は諦めるか、やっているふりをすることになる。仮に2人以上であれば、話し合いが発生するために考えるという行為が継続しそうな感じがする。

では、いったい何人がいいのだろうか。日本では、机を合わせての、4人のグループワークといった光景をよく見かけるが、

果たして全員が考えているだろうか。

　最適人数についてもリリヤドール教授は、実験をもとにして導き出している。先に紹介した本では「14のステップ」（xページ参照）が導き出されて紹介されているが、その背景として以下のように説明されている（前掲書、12〜16ページ参照）。

　　まず、同じ地域の教師を対象に、実験に参加してくれる人を10名ほど募集してチームを編成する。そして、一つのトピックに絞って指導する際、紙に書く場合とホワイトボードに書く場合ではどちらのほうが書き出すまでの時間が短いのか、立った場合と座った場合ではどれだけ集中力が続くかなどを実験した。

　　そして、グループワークの最適人数を調べるために、2人、3人、4人、5人と分けて、どのような変化が見られるかのを観察し、この地域における最適人数を割り出していった。

　　ただ、これだけでは地域特有の結果ということも考えられるので、ほかの地域の教師にも同様の実験をしてもらって結果を共有していった。このような実験を繰り返し、どの地域の教師も使える方法を導き出した。

　さて人数だが、「**3人のグループワークがベストである**」ということであった。どうやら、2人だと問題を解いている途中で行き詰ることが多く、4人以上だと行き詰まることはないが、似たような考えになりがちとなり、受け身の姿勢に回ってしまう生徒が出てくるということである。生徒における考えの多様

性と、意見の重複性という面でのバランスをとると、「３人が
ベスト」ということになる。

　また、カナダでもよくあることだが、学力が同じ生徒ばかり
集めた能力別グループにしたり、生徒自身がグループを決める
というのは逆効果になることが分かっている。学力が高い生徒
ばかりのグループでは、問題は解けるが、分からない人の視点
や分からない人に説明するといった姿勢が大幅に欠け、理解の
多様性につながりにくいのだ。逆に、学力の低い生徒ばかりを
集めてしまうと、問題の解き方が分からず、早々に諦めてしま
う場合が多くなる。

　さらに、生徒自らがグループを決めてしまうと、授業とは関
係のない話をしはじめたり、グループ内に自然とリーダーが選
出され、それ以外の生徒が「指示待ち」という状態になってし
まう場合が多い。

　そもそも、一般的なクラスには社会的な「壁」があるように
思える。もちろん、見えない壁だが、確実に存在している。も
しかすると「人種」という壁かもしれないし、「経済的」な壁
かもしれない。とにかく、仲のよい生徒同士はよく話している
が、それ以外の生徒とはあまり話さないし、多くの場合、名前
すら知らない。

　このような社会的な壁を壊し、それぞれの生徒が自然に考え
るようにするためにはどうすればいいのだろうか。ベストとな
る人数が３人であることは分かったが、その３人を能力別に分
けるのか、それとも生徒が決めるのか、いずれにしても問題が
残ってしまう。つまり、それぞれの生徒が役割を認識してしま

うという危険性があるのだ。

　役割を固定するのではなく、それぞれが考える主体者であると認識してもらうためには、ランダムなグループ分けが最善となる。よく日本では、「学校は社会の縮図」と唱えられているが、その意味からしても、ランダムなグループ分けをぜひ試してもらいたい。

　そして、もし時間に余裕があれば、学力別のグループとランダムなグループに対して、第2章で扱うような数学の問題を出してみてほしい。どのような質問や会話が起こるのかに注目して、両者を比べてみてほしい。

　さて、ランダムなグループだが、単に教師が「ランダムなグループ表をつくったよ」と言ったところで意味はない。教師が「ランダムだ」と言ったとしても、生徒が「このグループに入ったのは頭のいい生徒がいるからだ」と教師の意図を感じた時点で、やはり「指示待ち」の状態になってしまう場合が考えられるからだ。

　ランダムなグループ分けの「見える化」を図る方法はさまざまある。最近では、名前さえ打ち込めば、ランダムな3人ずつのグループをつくり出してくれるコンピュータソフトがあるし、ゲーム感を出したければ、3枚ずつ同じ数字のトランプを人数分用意し、シャッフルして生徒に引いてもらえばよい。あらかじめホワイトボードに数字を書いておき、引いたカードの数字が書かれているホワイトボードに移動してもらえばいいだけである。もちろん、生徒数によっては2人というグループもできるだろう。

これで、「答えのない教室」の下準備は終了である。次章では、どのような問題を解いていけばより考えやすくなるのかについて見ていくことにする。

ここまでの内容をふまえて、次の質問に答えてもらいたい。これらの質問を通して、ここで紹介された内容を読者自身の実践に生かしてもらえれば幸いである。

リフレクションタイム

・2割の壁についてどのように思われましたか？

・普段の実践において、ここに書かれてあるようなことに気付かれていますか？

・あなたの教室では、生徒の「ふり」は常態化していますか？

・グループワークを普段の授業で試されたことはありますか？

・3人のグループが最適だと述べましたが、これについてはどのように思われますか？

・立ったほうがいいと述べましたが、やはり座ったままのほうがいいと思われますか？

・普段の授業において生かせるものはありましたか？

第 2 章

「答えのない教室」
の理想

まるで展覧会のように
相手の考えを想像する

考えるとは

　そもそも、考えるとはどういうことなのだろうか。黙々と問題集を解くなかでその力は得られるものだろうか。それとも、タブレットに出される問題をタッチペンで回答すれば養われるのだろうか。

　カナダにおける教育の根幹を考えると、ジャン・ピアジェ（Jean Piaget, 1896〜1980）やレフ・ヴィゴツキー（Lev Simkhovich Vygodskiy, 1896〜1934・ラテン語表記）のような心理学者の影響を多分に受けていることが分かる。

　彼らは、学びとは、周りの環境との関係性のなかで自らに構築されていくものである、と説いている。とくに、ヴィゴツキーは、社会性のなかにおいて理解の構築がなされていく、と強調している。

　数学教育のパイオニアの一人であるリチャード・スケンプ（Richard R. Skemp, 1919〜1995）は、理解の領域（スキーマ）が人それぞれに存在しており、その領域内をいくらウロウロしていても学びは起こらないと言っている。となると、スキーマを広げるためには、その領域内に収まらないものとの接触が必要となり、それによって理解がさらに構築されていくということになる（Richard［2012］電子版参照）。

　これらのことを、先に紹介したリリヤドール教授が表現すると次のようになる。

> 生徒が考えることを促すためには、まず問題解決（プロ
> ブレム・ソルビング）がスタート地点となる。（中略）問
> 題解決とは、どうしていいか分からない状況下で何がで
> きるかということだ。（*Building Thinking Classrooms in*
> *Mathematics,* p.19）

　つまり、考えるという行為をするためには、事前に解き方が
分かっている場合は逆効果になるということだ。どのように解
いたらいいのかが分からない状況は、はっきり言ってしんどい
ものである。でも、そのなかでまちがったり、さまざまな解法
を試してみたり、話し合ったりするというプロセスのなかでス
キーマが徐々に広がり、理解の構築へとつながっていく。

　事前に解法が分かっているという状態は、舗装された長い道
をただひたすら歩く場合と似ており、少しでも道をそれてしま
うと迷子になってしまう。言葉を換えると、暗闇のなかをただ
言われたとおりに歩いているようなもので、自分がどこにいる
のかも、何をしているのかもよく分からないという状態になる。

　一方、考えるという行為はその逆となる。明かりをさらに広
げ、周りがさらによく見えるようにし、行先は自分で決められ
るという状態である。

考えるための準備運動

　第1章で述べたように、生徒が考えるためには考えやすい状
況をつくり出す必要がある。下準備を終えれば授業をはじめた

いところだが、いきなりカリキュラムや教科書の内容に入って
しまうと、何だかの問題が生じるだろう。

　もしかすると、できる生徒がグループワークを独占してしま
うかもしれないし、学力に遅れのある生徒がよく分からないま
ま参加しているふりをすることになるかもしれない。

　先ほども述べたように、考えるためには、まちがってみたり、
いろいろと試しながら、話し合いのなかでお互いに説明する形
で理解を広げていく必要がある。そのためにも、解き方の分か
らない状況を意図的につくらなければならない。そうでないと、
生徒は既存の解き方に依存してしまい、まちがうことも、試す
ことも、話し合うこともなく、ただ「解けた」か「解けなかっ
た」ということだけに固執してしまう。

　では、「**考える**」という行為を生徒がするためにはどうすれ
ばいいのだろか。

「はい、じゃあ今から考えてみよう」と教師が促したところで、
今までやったことがない「**考える**」という行為はできるわけが
ない。結局は、できる生徒がほかの生徒を差し置いて解いてし
まうという形になるのがおちである。

　考えることの常態化、これが「答えのない教室」の目指すと
ころであるが、そのためには、まずは考えることに慣れてもら
う必要がある。その「準備運動」をしてみよう。のちほど詳し
く述べるが、「準備運動」において考えることに慣れてからカ
リキュラムに移っていくというスタイルが「答えのない教室」
においてはもっとも重要となる。

「タックスコレクター（tax collector）」
——準備運動1

　ここで紹介する問題は、「ニューヨークタイムズ（The New York Times）」に掲載されている「ナンバープレイコラム（Number play column）」（2015年4月13日付）で紹介された問題を少しアレンジしたものである。ちなみに、この問題は割り算や約数の理解があればできるので、小学校3、4年生から高校生まで、幅広い学年において取り組むことができる。

　まず、生徒たちが立ち上がって教師の周りに集まる。ホワイトボードに長方形を12個書いて、そのなかに「1」から「12」までの数字を書く。これが授業のはじまりとなる。

1	2	3	4	5	6
7	8	9	10	11	12

教　師　ここに12枚の封筒があります。それぞれの封筒には、書いてある数字の数だけドル札が入っています。つまり、1が書いてある封筒には1ドル。10が書いてある封筒には10ドルが入っていることになります。「どの封筒を取ってもいいですよ」と言ったら、どれを取りますか？

生徒A　12。

教　師　では、12の封筒を取ります。みなさんの手元には12ドルあることになります。一つ、言うのを忘れていました。想像上のこの国では、面白い税金システムが採用されてい

ます。12を取った場合、税金を集める人（タックスコレクター）は、1、2、3、4、6の封筒を税金として徴収することになります。この国の税金システムはどうなっているのでしょうか？

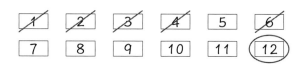

生徒A　12を割れる数？

生徒B　12の約数？

教　師　「割れる数」や「約数」、いろいろな言い方ができますね。では、次はどの数字を取りますか？

生徒C　11？

教　師　11を取ろうとすると、どの封筒を税金として納めることになりますか？

生徒D　1？

教　師　あっ、この国の、もう一つの税金システムを言い忘れていました。一つの封筒を取るたびに、最低一つ分は税金として納めなければなりません。11を取った場合、1ドルを納めることはできますか？

生徒E　1ドルはすでに納めているので、できません。

教　師　確かに、11は取れません。では、どれを取りますか？

生徒F　10？

教　師　10を取った場合、どの封筒が納められますか？

生徒G　5。

| ~~1~~ | ~~2~~ | ~~3~~ | ~~4~~ | ~~5~~ | ~~6~~ |
| 7 | 8 | 9 | (10) | 11 | (12) |

教　師　1と2も10の約数ですが、12を取った時点で納めたの
　　　で、5ドルを税金として納めることができます。次は何を
　　　取りますか?

生徒H　(しばらく考えて)9?　取れないなー。8?　取れ
　　　ないなー。税金が納められないので取れません。

教　師　ということで、現時点でみなさんの手元には「10＋
　　　12」で22ドルあります。これが現時点での最大値です。さ
　　　て、何ドルまで取ることができるでしょうか?

　ここまでのアクティビティの説明に要する時間は5分程度で
ある。説明が終わったら、同じ数字を3枚ずつ集めたトランプ
を人数分用意する(カナダではクラスの人数が30人弱なので、
3枚ずつのカードを「Ａ<ruby>エース</ruby>」から「10」まで用意している)。そ
して、生徒たちにカードを引いてもらい、出た数字と同じ数字
が書かれているホワイトボードに集まってもらう。

　たとえば、クラスに30人いるのなら10個のグループができる
ので、事前に1から10まで書かれたホワイトボードを用意して
おくとスムーズに進む。

　各グループにホワイトボードイレーザー(ボード消し)とマー
カー(筆記具)を一つずつ渡して、問題に取り掛かってもら
う。ちなみに、マーカーを一つだけ渡したのは、話し合っても
らったり、マーカーを渡し合うなどして全員が参加できる状態

を目指しているからである。試してもらうと分かるが、マーカーを人数分渡してしまうと、グループでやっているようで個人で解いている状態になりがちとなる。

　なお、このグループ分けの仕方と各グループに一つだけマーカーを渡すという方法は、カリキュラムに則った普段の授業でも行っている。普段の授業に「答えのない教室」を取り入れた様子については、第3章で詳しく述べることにする。

　誤解を避けるために述べておくと、私の場合、1週間で教える時限数は20時限となっており、そのうちの10時限から15時限はこのような教え方をしている（数学以外のコースも教えている）。各生徒の授業時間は1日に4時限となっているが、「答えのない教室」を使って授業を受けているのは1時限ほどである。現在勤務している学校で、「答えのない教室」を採用している数学科の教師が私以外に一人しかいないからだ。

　さらに言うと、ほかの教科で「答えのない教室」を取り入れている教師はいない。しかし、グループワークをベースにした教え方は一般的となっており、社会や国語などでもよく見られるし、小学校でもよく見られる光景なので、「答えのない教室」が広がるだけの土壌はでき上がっている。

　話をもとに戻そう。

　3人ずつのグループが各自のホワイトボードに集まって問題を解き出す。1から12の数字を書いたうえで、あるグループは12を取ったあとに10を取ってみて、やはり22にしかならないことを再確認するだろう。

　一方、別のグループは、なるべく少ない数の封筒を税金として納めるのであれば、11を最初に取るのがいいと気付くかもしれない。学年によっては、「素数だ、素数を最初に取るべきだ」と気付く生徒がいるかもしれない。

　なるべく少ない数の封筒を税金として納めることを繰り返せば、あるグループから「35になりました」とか「39になりました」といった、さまざまな声が上がってくるだろう。このようなグループには、「もう少し上がないか探してみよう」などと声をかければ、さらに話し合いが進むことになる。

　もしかすると、どうしていいか分からないというグループが出てくるかもしれない。そういった場合は、「どの数字を選ぶと、より少ない封筒を税金として納められるか」などと声かけをすれば、数分後には「22以上が見つかった」という声が聞こえてくるはずだ。

　それぞれのグループの状況を見ながら、教師はクラス内をウロウロすることになる。必要に応じてフィードバックを与えるわけだが、ここで大事なことは、答えを言ってしまわないことである。また、ヒントを与えるにしても、生徒の理解がより深まるような助言を考えなければならない。第4章でも述べるが、教師という人種は基本的に教えたがりなので、答えとも言えるようなヒントを与えてしまっている場合が多いものだ。

　先ほどの例で言うと、「どの数字を選ぶと、より少ない封筒を税金として納められるかな？」とは言わずに、「まず、11を選んでみたら」などと言ってしまう場合だ。もし、このようなヒントを与えてしまうと、なぜ11が必然なのかが分からないま

ま問題を解いていくことになる。これでは、11を選んだ理由が分からないし、ほかの問題への応用もできない。

　では、1から12までの数字の場合、最大値はいくつになるだろうか？　もし最大値が分かったならば、準備運動は終わりだろうか。いや、この問題の発展形を考えてほしい。出題元である「ニューヨークタイムズ」は、「1から12」までの答えが50に近づいたら、「次は1から18だとどうなるだろうか」と問い、「1から24」、「1から30」ではどうなるかと問うている。

　そろそろ、読者のみなさんから「答えを教えろ！」という声が飛んできそうな気がする。リリヤドール教授の本では、紹介したような準備運動はカリキュラムに則らない「考えるタスク（Non-curricular thinking tasks）」として紹介されているが、その解答は掲載されていない。その意図は、生徒に「考えることを楽しもう」と言っているのに、用意された答えを使って教師が指導してしまうと本末転倒になるからだ。「答えのない教室」の醍醐味を知りたい方は、まずは自分で解いてみてほしい。

　とはいえ、私も当初は、想像もしないような答えを生徒が出してくるので苦労した。このような準備運動を導入しはじめたとき、ある程度問題を理解してから紹介していたが、予想を超える解答や質問が多かった。そのたびに、答えられないと威厳が崩れてしまうのではないかという心配をしたほどである。

　実際やってみて気付いたのは、生徒の出す解答を聞けば聞くほど問題への理解が深まり、生徒からの質問を私一人で考えるのではなく、クラス全体で考える空間に変わっていったという

事実である。

　もし、自分に分からないことを尋ねられた場合、「そんな質問は考えもしなかった。私も考えてみるから、君たちもグループで考えてみて」と言えば、生徒にも考えるという空間がつくられていく。また、「君たち自身がまず考えてみたら」と言って、ほんの数分間、自らが出した質問について考え、答えられるようになった場面もたくさん目にしてきた。

　このような経験をもとにして言えることは、とりあえずやってみることの大切さ、である。教師も含めて一緒に考えていくなかで、学びは必ず深まっていく。事前に答えを知っている教師よりも一緒に考える教師のほうが学ぶ楽しさをクラス全体で共有できるということも、「答えのない教室」を実践するなかで知った。

　とはいえ、このような授業のあり方を経験していない日本のみなさんを想像すると、「答えの一端でも紹介してほしい」という要望があることだろう。それをふまえて、「タックスコレクター（１から12)」に関する解答を紹介しておこう。

解答

　１から12までの数字だと、最初に取るべき数字は11となる。理由は、11が二番目に大きい数字であり、納める税金（タックス）が一番小さい１で済むからだ。つまり、最大の素数を選び取るところからこの問題の解答ははじまることになる。

　例題のように12を最初に取ってしまうと、１、２、３、４、６のすべてを税金として納めることになってしまうのだ。

　ここから先は、なるべく大きな数字が取れて、少ない数の税金を納める方法を考えていく。できれば一つの税金、多くても二つ納めるくらいで済ませたいので、12のように約数の多い数は最後のほうに取るようにする。

　具体的には、以下の順序で取っていく。

　　11を取って税金1

　　9を取って税金3

　　10を取って税金2、5

　　8を取って税金4

　　12を取って税金6

著者が行った
タックスコレクターの導入部分

　取った数字の11、9、10、8、12を足すと「50」となり、50ドルを取ったことになる。そして、これが最大値となる。

　学年によっては、ある程度の問題を解いた時点で、最大値と思われる数が本当に最大値であるかどうかを証明するといったことが可能になる。読者のみなさんには、自分で、もしくは友人と一緒に考えてもらいたい。

　あえてこの問題についての証明に関するヒントを出すとするなら、最大の素数11を取った時点で7は取れないということだ。7の約数は1と7しかなく、1はすでに税金として納めてしまっているからである。この時点で、以下の数字（九つ）が使えるものとなる。

~~1~~	2	3	4	5	6
~~7~~	8	9	10	(11)	12

　一つの数字に対して最低一つの税金を納めないといけないので9を2で割ると「4.5」、つまり四つの数字が取れれば最大値に近づくということだ。ヒントはこのあたりにしておきたい。

　準備運動として、もう一つ取り組んでみたい。

「数字の組み合わせ」──準備運動2

　この問題は、さまざまな人とのかかわりからでき上がったものである。もしかすると、一人で黙々と最初から最後まで解ききることが「数学の美学」であると信じ切っている人がいるかもしれないが、実のところ、他者との協力（コラボレーション）なしには成り立たないことは先人が証明している。詳しい問題の成り立ちは、42ページの**コラム**で紹介する。

　問題自体は四則演算ができれば解けるので、小学校3、4年生から高校生まで幅広い学年での応用が可能となる。「タックスコレクター」と同じく、ホワイトボードに集まってもらう。

　教師が1から10までの数字を書いて、その下に四則演算の記号「＋、－、×、÷」を書く。そして、その下に「5、8、13、24、20」の数字を書く。これで、授業のはじまりとなる。

教　師　1から10までの数字を二つずつ使い、四則演算の記号

を最低1回ずつ使って、5、8、13、24、20という数字を
つくりましょう。では、どの数字をつくりますか?

生徒A　8!　$2 \times 4 = 8$です。

教　師　いいですね。まずは、×を1回使いました。そして、
数字は2と4を使いました。

```
 1  2̸  3  4̸  5  6  7  8  9  10

         5                    +  −  ×̸  ÷

         8 = 2 × 4

        13

        24

        20
```

教　師　次はどの数字をつくりますか?

生徒B　5!　$8 - 3 = 5$です。

教　師　いいですね。8と3を使って、−も使いました。

```
 1  2̸  3̸  4̸  5  6  7  8̸  9  10

         5 = 8 − 3          +  −̸  ×̸  ÷

         8 = 2 × 4

        13

        24

        20
```

教　師　次は何をつくりますか？

生徒C　7＋6＝13は？

教　師　いいですね。残りの数字は1、5、9、10です。使える計算方法は、割り算と四則演算のどれか一つとなります。

```
1  2̸  3̸  4̸  5  6̸  7̸  8̸  9  10
        5＝8－3        ＋̸ ＋̸ ×̸ ÷
        8＝2×4
       13＝7＋6
       24
       20
```

生徒D　どれかの計算方法を2回使ってもいいんですか？

教　師　そうです。四則演算は「＋、－、×、÷」の四つしかないので、残りの数字のうち、一つはどれかの計算方法を2回使うことになります。

　　　さて、割り算とどれか一つの四則演算で、1、5、9、10を使って24と20はつくれますか？

生徒E　（しばらく考えて）できません……。

教　師　ということで、上から三つまでの数字はできました。みなさんには、これからグループに分かれてもらい、1から10までの数字を2個ずつ使い、四則演算のどれかを最低1回ずつ使って、5、8、13、24、20の数字すべてをつくってもらいます。

　ホワイトボードに集まってもらい、説明するのは5分程度。先ほどと同じ要領で3人ずつのグループをつくり（同じグループでもよい）、それぞれのホワイトボードに分かれてもらう。

　各自がグループに分かれて問題を解き出す。多くのグループは、1から10までの数字をホワイトボードの上のほうに書いて、四則演算の記号をその下に書いている。ランダムに5から取り組むグループもあれば、24からつくろうとするグループもある。勘のいいグループであれば20や24から取り掛かり、数分後には「できました」という声が聞こえてくるだろう。

　教師はその間も教室内を動き回り、必要に応じて、なかなか進んでないグループに対して、「どの数字がつくりにくいかな？」などと声をかける。一方、でき上がったグループには、「次は、17、2、21、3、2を同じ要領でつくってみて」と五つの数字を与える。

　なぜ、「2」が二つも入っているのか、と思われる人がいることだろう。前述したように、問題の成り立ちは**コラム**（42ページ）として紹介するが、先ほどより難しい問題にする段階で、五つの数字に「2」が二つ入る必要があったということだけを記しておこう。

各グループに
適したフィードバックを

　五つの数字は、口頭で伝えてもいいし、ボードに書いてもよい。教師が使うマーカーの色を生徒のものと別にしておけば分かりやすくなる。

　ここで大事なことは、五つの数字を二つか三つのグループの、ホワイトボードの上のほうに書くということである。すべてのグループのホワイトボードに書く必要はない。すべてのグループに同じ問題を書くと時間がかかってしまうし、サポートを必要としているグループに入るタイミングを逃すことにもなる。また、同じ問題を書いている間に次の問題を待つグループが出てくるため、時間の無駄となるからだ。

　何か所かに書くことで、各グループが問題を解き終えた時点で次の数字を探してもらう。この繰り返しで、以下の五つの数字を順番に与えていく。

$$10, \quad 14, \quad 1, \quad 20, \quad 16$$
$$3, \quad 3, \quad 3, \quad 3, \quad 24$$
$$2, \quad 2, \quad 2, \quad 2, \quad 9$$
$$2, \quad 3, \quad 7, \quad 7, \quad 7$$
$$1, \quad 2, \quad 3, \quad 4, \quad 5$$

　この問題は、ランダムに数字を選ぶ形で問題を解いていくわけだが、解いていくなかで一定のパターンを見いだすグループが出てくるだろう。たとえば、最初に挙げた数字で言えば、「5、8、13」は比較的つくりやすいものとなる。つまり、つくれるパターンが多い数字ということである。

　一方、24と20は比較的つくりにくい数字となる。掛け算でしかつくれないと気付く生徒がいるかもしれない。言うまでもなく、つくりにくい数字ほど選択肢が狭まるので、最初につくるべき数字となる。肝心なのは、1から10のなかから選ばなければならないことと、計算方法が「＋、－、×、÷」のどれかであるということである。

　少し詳しく述べると、24の場合は「3×8」か「4×6」しかない。そして、20は「4×5」か「2×10」しかない。「3×8」を選べば「4×5」と「2×10」が使えるというオプションが残るが、「4×6」を選んでしまうと「2×10」しか残らない。この時点では絞り込めないが、三つのオプション、つまり「①3×8→4×5」、「②3×8→2×10」、「③4×6→2×10」しかないことが分かる。

　次の数字「10、14、1、20、16」を見てみると、20は掛け算でしかできないし、16は足し算か掛け算でしかつくれない。14も、同じく足し算か掛け算でしかできない。このように絞り込んでいくと、10で割り算を使うしかないことが分かってくる。

　これらを踏まえたうえで、5、8、13、24、20の解答を記しておこう。前述したように、「答えのない教室」において考える楽しみを経験したい方は、まず自分で取り組んでほしい。

解答

　5、8、13、24、20の数字では、24と20が掛け算でしかできないことに気付くだろう。前掲したように、三つのオプション「①3×8→4×5」、「②3×8→2×10」、「③4×6→2×10」

しかないことが分かる。

　1から10までの数字しか使えないので、割り算を13では使えない。よって、5か8で割り算を使うことになる。仮に「8＝8÷1」にすると、24と20は「③4×6→2×10」でしかつくれなくなる。

$\cancel{1}$	$\cancel{2}$	3	$\cancel{4}$	5	$\cancel{6}$	7	$\cancel{8}$	9	$\cancel{10}$
		5					＋	−	⊗ ÷

　　　　8＝8÷1
　　　　13
　　　　24＝4×6
　　　　20＝2×10

　残りの数字は3、5、7、9となり、5と13を＋と−を使ってつくらざるをえなくなるが、これは不可能である。となると、8で割り算は使うべきでないということになる。

　では、5で割り算を使うことになるわけだが、「5＝5÷1」と「5＝10÷2」という二つのオプションがある。仮に「5＝5÷1」にすると、24と20は「②3×8→2×10」か「③4×6→2×10」でつくることになる。

数屋が低く
天井が高い問題

$\cancel{1}$　$\cancel{2}$　$\cancel{3}$　4　$\cancel{5}$　6　7　$\cancel{8}$　9　$\cancel{10}$

$\qquad$ 5 = 5 ÷ 1 $\qquad$ + － ⊗ ⊘

$\qquad$ 8 =

$\qquad$ 13 =

$\qquad$ 24 = 3 × 8

$\qquad$ 20 = 2 × 10

$\cancel{1}$　$\cancel{2}$　3　$\cancel{4}$　$\cancel{5}$　$\cancel{6}$　7　8　9　$\cancel{10}$

$\qquad$ 5 = 5 ÷ 1 $\qquad$ + － ⊗ ⊘

$\qquad$ 8 =

$\qquad$ 13 =

$\qquad$ 24 = 4 × 6

$\qquad$ 20 = 2 × 10

　どちらの場合も13は足し算でしかできないので、8を引き算でつくることになるが、それはできないので、「5 = 5 ÷ 1」のチョイスがまちがったことに気付く。となると、「5 = 10 ÷ 2」しかない。これを選ぶと、24と20は「①3 × 8 → 4 × 5」でしかつくれない。

　残りの数字は1、6、7、9となる。もうお分かりだろう。「8 = 9 － 1」と「13 = 6 + 7」で、1から10までの数字を二つずつ使い、四則演算を最低1回ずつ使ってすべての数字をつくったことになる。

1　~~2~~　~~3~~　~~4~~　~~5~~　6　7　~~8~~　9　~~10~~

$$5 = 10 \div 2 \qquad + \quad - \quad \otimes \quad \oslash$$

$$8 =$$

$$13 =$$

$$24 = 3 \times 8$$

$$20 = 4 \times 5$$

　この思考の流れはあくまで私の解答である。授業においては、生徒から出てくるさまざまな解答を楽しんでほしいし、読者のみなさんが独自の解答を見つけられることを願っている。

　このようにして、「5、8、13、24、20」をつくり終えたグループは、次の五つの数字「10、14、1、20、16」に移っていく。そして、37ページに例題として出した「1、2、3、4、5」までつくり終えれば「終わり」、とはならない。「答えのない教室」においては「終わり」はないのだ。

　では、この問題の発展形はどのようなものになるだろうか？たとえば、今までの五つの数字を、違う組み合わせでつくれるかどうかについて考えてもらってもいいだろう。もしくは、今までとは逆に、グループ内で五つの数字をつくり、残りのメンバーが解くというのもいいだろう。さらに、五つの数字をいくつかつくって、どれが簡単で、どれが難しいのかについて考えてみるというのも興味深い。

　何が理由で「5、8、13、24、20」が最初に出され、「1、2、

3、4、5」が最後に出されたのか？　また、この五つの数字
が簡単な問題になるのか、それとも難しい問題になるのかなど
を考えると、この問題の本質的な理解につながるし、楽しくな
ってくるはずだ。

● *column* 「数字組み合わせ」の成り立ち ●

　ここで紹介する内容は、モンタナ州にある高校教師が数学教
育の雑誌（the Math Association of America）に掲載されてい
た問題を見たことがきっかけとなっている。その問題とは、以
下のとおりである。

　問題を出す側と問題を解く側のペアになる。問題を出す側は、
1 から10までの数字を二つずつ使い、四則演算を最低 1 回ずつ
使って五つの数字をつくる。たとえば、1 から10での数字を順
番に使って、足し算から順番に四則演算を使っていくと以下の
五つの数式ができ上がる。

$$1 + 2 = 3, \quad 3 - 4 = -1, \quad 5 \times 6 = 30, \quad 7 \div 8 = \frac{7}{8}, \quad 9 \times 10 = 90$$

　問題を出す側は、どの数字とどの四則演算を使ったかは言わ
ずに、出てきた数字の「3」、「-1」、「30」、「$\frac{7}{8}$」、「90」だけ
を伝え、問題を解く側がどの数字とどの四則演算を使ったかを
考えていく。
　この問題に興味をもった教師は、まず生徒に試してみた。そ

して、後日、教師の研修会において以下のようなアクティビティを試してみた。

　二人の教師がペアとなり、どちらか一人に1から10までの数字を二つずつ使い、四則演算を最低1回ずつ使って五つの数字をつくってもらう（下図参照）。使った数字は言わずに、計算結果に当たる五つの数字だけ（左の正方形）をパートナーに伝え、パートナーはどの数字とどの計算式で五つの数字がつくられたのかを考えるというものである。

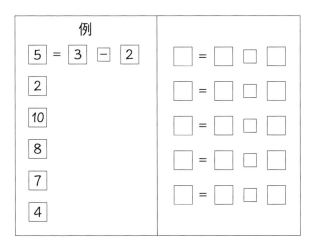

　その会場にたまたま参加していたモンタナ大学の数学教育者であるロスコー教授（Matthew Roscoe）が、この問題に興味をもった。選ぶ五つの数字によっては、何通りかのつくり方が考えられる。たとえば、2、4、6、8、10の五つだと、以下のつくり方が可能となる。

$$10 - 8, \quad 9 - 5, \quad 6 \div 1, \quad 4 \times 2, \quad 3 + 7$$
$$8 \div 4, \quad 10 - 6, \quad 9 - 3, \quad 1 + 7, \quad 2 \times 5$$
$$8 \div 4, \quad 9 - 5, \quad 6 \times 1, \quad 10 - 2, \quad 3 + 7$$

　五つの数字の組み合わせはいくつあるのだろうか、と考えた彼は、プログラミングを使って、すべての組み合わせを算出した。そして、五つの数字を、簡単なものから難しいものへと順番に並べた。

　ここで言うところの「難しさ」は、組み合わせのユニークさと絞り込みにくさによって決まる。ユニークさとは、どれだけのパターンがあるかということで、先ほど紹介した2、4、6、8、10は最低でも三通りあるのでユニークとは言えない。そして、一通りしかない五つの数字は当然難しい部類となる。

　さらに、どれだけ絞り込みにくい数字が入っているのか。つまり、10だと「2×5」や「4＋6」など組み合わせがいくつもあって絞り込めないが、$\frac{7}{8}$だと「7÷8」しかないので簡単に絞り込むことができる。要するに、一通りしかつくり方のない五つの数字で、しかもそれぞれの数字のつくり方が絞り込めないものほど難しいということになる。

　改めて、準備運動で扱った数字の組み合わせを見てみたい。

$$5, \quad 8, \quad 13, \quad 24, \quad 20$$
$$10, \quad 14, \quad 1, \quad 20, \quad 16$$
$$3, \quad 3, \quad 3, \quad 3, \quad 24$$
$$2, \quad 2, \quad 2, \quad 2, \quad 9$$
$$2, \quad 3, \quad 7, \quad 7, \quad 7$$
$$1, \quad 2, \quad 3, \quad 4, \quad 5$$

　これらの数字のうち、どれがユニークで、どれが絞り込める
のかと考えると、「1、2、3、4、5」が一番最後に置かれ
ている理由も分かってもらえるだろう。

準備運動の特徴

　このような準備運動を経て、普段のカリキュラムや教科書に
則った授業に移行していくわけだが、その前に、2022年の夏に
行った、日本の小中高、大学での「答えのない模擬教室」に対
する生徒の感想などをテーマごとに分けて紹介しておこう。も
ちろん、前述した準備運動をそれぞれで行っている。

1. 誰でも取り組める(市邨中学校高等学校の高校1年生より)

・カンタンで基本的な知識で解けるから楽しかったです😊
・頭の体操じゃないけど、同じグループの子と協力して問題を
　解いたりすることが楽しかった。
・最初は全然分からなかったけど、分かったときにとてもスッ
　キリしました。
・簡単なように見えて難しい問題だったので面白かった。

　これらの感想に共通しているのは、提出した問題が誰もが取
り組める内容になっていることである。紹介した準備運動では、
特別な定理や解法を必要としない。とりあえず解いてみる、試

行錯誤することが許容できるという問題設定になっている。

　このような問題を、カナダでは「ローフロア、ハイシーリングマスタスク（Low Floor, High Ceiling Math Tasks）」と言っている。直訳すると、「敷居が低く、天井が高い数学の問題」となる。つまり、誰にでも取り組める内容でありながら、応用がきく問題であるということだ。

　少しずつ問題の難易度を上げていくなかで、解法パターンに気付くと難しい問題もできるようになっていく。逆に、問題の難易度が高すぎると、できる生徒だけが独占してしまうことになる。後者の場合、ここに挙げたような感想は出てこないだろうし、それぞれの生徒は達成感が得られないだろう。

　このような考え方は非常に大切で、普段の授業でも重要となる。普段の授業をここで紹介したような準備運動のように面白い問題にすることは難しいだろうが、基本的な考え方として、誰もが取り組めて、徐々に難易度を上げていくというスタイルは、「答えのない教室」を共同体としてつくり上げていく際に重要となる。

2. 思考することの楽しさ（各校の生徒から）

・数学って、公式を覚えればいいって思う人が多いけど、これをすることで考えるのが大事だと思った。（かえつ有明高校の2年生）

・問題解決の手順を絞り込んでいく問題だったり、少し頭を使う問題だったりして、それを解くのが面白かったです。（大

谷高校の生徒)

・自分で考えるよりも、みんなと考えたほうが広い考え方ができると思った。(大谷高校の生徒)

・生徒同士で意見が共有できて、普段の授業よりも分かりやすい。(愛知県の私立中高一貫校の中高生)

・数学における、諦めないことの大切さが実感できた。(かえつ有明高校の2年生)

　これらの感想から見えてくるものは何だろうか?　ここに、準備運動といわれる所以があると思う。

「数学って、公式を覚えればいいって思う人が多いけど」は、まさに多くの生徒が想像している「数学のイメージ」であろう。準備運動のような公式がない問題にあえて取り組んでもらうことで、本来の「数学のイメージ」を認識してもらうのだ。それは、感想に見られるように、与えられた条件下で何が可能かを絞り込んでいく過程かもしれないし、意見交換やお互いの意見に対して質問していくなかで、それぞれの理解の枠(スキーマ)を広げていくことかもしれない。

　教師からの一方通行の説明ではなく、

大谷高校での様子

生徒が説明するからこそ疑問を抱きやすく、お互いに質問することで理解度が洗練されていくのだ。

「普段の授業よりも分かりやすい」という言葉には、そのような思いがあるのではないだろうか。そして、試行錯誤を繰り返すなかで、簡単に問題が解けなくても「諦めないことの大切さ」を知り、このような一連の行動のなかで「**考える**」という姿勢が身についていくわけだ。

　次は、神奈川県内の公立小学校の３、４年生が書いてくれた感想を紹介しよう。

・こんなゲームをやるのは初めてで、ルールが面白かったです。真剣に考えると面白くて、つい時間を忘れてしまいました。中休みもやりました。😄

・算数（数学）＝勉強なのに楽しかった。家でも、親と一緒にやってみたい。（数をどんどん増やして）

・どうすると一番高い数字になるのか、考えることがすごく楽しかった。

　私の経験からも言えることだが、年齢が低いほど、つまり「数学のイメージ」が確定していない生徒ほど純粋に考

神奈川県内の公立小学校での様子

えることを楽しむ場合が多い。年齢が低いと、受験のためとか、テストのためといった打算が当然のごとく少ない。「試してみよう」というマインドがあればあるほど興味深い解答が出てくるし、思いがけない解答が出れば生徒自身が喜んでくれるし、またそれをクラスで紹介すればするほど「答えのない教室」の環境が整っていくことになる。

このような、考えることを楽しむといった姿勢を生徒から奪うことなく、より醸成できるような環境を提供していきたいと切に願っている。

3. 社会性の育成（各校の生徒から）

最後に紹介したいのは、以下のような感想である。

・この授業で、友達と問題を解くことで、さらに仲が深まったことがよかった。（神奈川県内の公立小学校の生徒）

・普段話したことない人とも話すきっかけになり、良かったと思う。（市邨中学校高等学校の高校１年生）

・学校の授業と違って、グループワークだったので、協力して問題を解くのが楽しかったです。人と話すことが好きなので、このような機会があって嬉しかったです。（株式会社ジプロスが経営する学習塾の中高生）

・いつものような一方通行に喋る授業ではなく、それぞれがお互いの意見を言える授業だったので、久々に自分の意見を言ったと感じました。あと、先生との距離が近く、最後に先生に質問できたのが良かったです。（同上）

　これらの感想から断言できるのは、教室は「考えることを可能にする場」ということである。一般的なクラスでは、一見では分かりにくいグループが存在するものだ。それは、社会性をもとにつくられた「見えない壁」と捉えることもできるだろう。

　ほとんどの生徒は、このような壁の中に存在する住人としかかかわりをもたないが、「答えのない教室」では、毎日、ランダムなグループ分けをしたうえで問題を解いていくため、「見えない壁」を意図的に壊していくことになる。

　準備運動の際には、最初のうちはホワイトボードに名前を書いてもらってもいいだろう。グループごとにお互いの名前を知り、普段話さない生徒とも話すなかで、「見えない壁」は徐々に壊れていくはずだ。教師に指名されてみんなの前で問題を解くという行為とは大きく違って、三人というグループのなかでは心理面での安全性が保たれ、気軽に話せるということだ。また、ホワイトボードのマーカーをシェアしながら、お互いに意見を言ったり、聞いたりするなかで関係性が深まっていく。

　それだけではない。「見えない壁」がなくなることで思考の流動性（シナジー）が生まれてくる。グループ内だけでなく話し合うことが常態化するため、グループ内でしか共有されなかった理解がクラス全体に広がっていくことになる。

　もしかすると、隣のグループが書いていることが視野の片隅に入ったことでアイデアが浮かんだり、ほかのグループからちょっとした指摘をもらうことで理解できるかもしれない。このような流動性は、学期を通してさらに強まっていくことになるだろう。

　本章で紹介した準備運動の問題を、学期始めに私は最低1週間くらいかけてやっている。カリキュラムや教科書の問題にはあえて触れないようにして、このクラスではこのような学び方が当たり前だということを定着させている。すると、すでに述べてきたとおり、試行錯誤すること、まちがうこと、修正すること、話し合うこと、聞くこと、コラボレーションすること、そして考えることが常態化しはじめるようになる。

　念のために言うが、この準備期間が短すぎると、ただ問題を解くだけの授業となり、できる生徒がグループワークを独占するといった行為を改めることが難しくなる。

　ちなみに、準備運動の問題を解いたあとには、授業の終わりにみんなで集まって「まとめ（Consolidation）」を行っている。その際には、各グループで出てきた解答や誤答などをみんなに紹介し、準備運動の問題に関する要点や解法への糸口について話したりしている。その下準備として、グループワーク中に歩き回りながらヒントを与えているときに「まとめ」で使える題材を見つけ、教師独自のマーカーの色で「この部分は消さないで」と印を付けている。

　「答えのない教室」が順調に進むと、思いも寄らないような解答がグループから出てくるものだ。また、よく見かけられる「まちがい」などがはっきりしてくる。それらを見ながら、「この解答にはどのような意図があるのだろうか」とか「このまちがいは、どのようにして生まれたのだろうか」と言いながら最後に話し合っている。

　このときに気を付けることは、それらの題材を提供してくれ

学習塾で行われた「まとめ」

たグループを名指しするのではなく、ほかのグループに考えて
もらうことである。題材提供者の考えを想像する——これは、
テストの採点をするときなどにおいて教師が当たり前のように
やっている行為であろうが……。

　実際、みなさんは、自分がイメージした解答ではない生徒の
解答を見て、どのようなプロセスで解答が導き出されたのかと
想像されているだろうか。

　かつて私は、四択問題をたくさん入れて、小問題をいくつか
入れるだけといったテストをよくつくっていた。そのようなテス
トの場合、四択問題の部分は「スキャントロン（scantron）」
という機械を通せば数秒で採点は終わるし、小問題の部分も、
最終的な答えが合っているかどうかの「マル付け」をするだけ
だった。今思えば、そんなテストばかりを受けてきた生徒が、
プロセスを無視し、正答だけを望むというのも当然である。

　このようなテストばかりをしていた私だが、内容重視からプ
ロセス重視、コンピテンシーを伸ばそうというブリティッシュ

コロンビア州（バンクーバーがある）の方針にも後押しされ、以前とはまったく違うテストをつくるようになった。

　四択問題や小問題は、効率面ではいいが、本当に理解しているのかというプロセスの部分が見えない。一方、記述式だけの問題にすると、つくるのにも採点するにも時間はかかるが、生徒たちの理解に関するプロセスが分かるので、その部分を重視した採点を行っている。

　そうすると、分かっているように見えてもたまたま答えがあっている生徒、逆に、学力が低い生徒であっても理解の一端を見せてくれるといったケースが分かるようになってくる。相手が「何を考えているのか」を知るという作業は、教師自らが「考える」必要があるため労力をかけることになるが、このような状態が結構面白い。

　さて「まとめ」だが、生徒にとってはあまり馴染みのない行為となる。つまり、クラスメイトがどのように考えたのかを、与えられた題材から推測することになるからだ。言うまでもなく、これも「**考える**」ことにつながる。

　自分のグループで解いた問題をほかのグループの解答を通して考えることでより幅広い理解が構築されるわけだが、題材を提供してくれたグループを名指しすれば答えることを拒むグループも出てくるだろうし、仮に自信満々にグループの解答を説明したとしても、ほかのグループの生徒にとっては聞いているだけでいいので、考える機会を奪うことになる。これらをふまえれば、「まとめ」の重要性に納得してもらえるだろう。

　読者のみなさんには、本書で紹介している準備運動の問題を
グループで解いていただきたい。そのグループは、担任をして
いる生徒かもしれないし、同僚かもしれない。いや、ご自身の
お子さんと一緒に解いてみるというのもいいだろう。とにかく、
一緒に解く醍醐味を体験していただきたい。そのうえで、次の
質問に答えてもらいたい。

リフレクションタイム

・どのようなことに気付きましたか？

・どの部分が気に入りましたか？

・準備運動の問題をクラスで取り入れてみようと思われます
　か？

・もし、そう思われない場合は、その理由は何ですか？

・準備運動をクラスに取り入れる際、想像できる難しさとは何
　ですか？

・本章に記したことで、普段の授業に取り入れようと思う内容
　はありましたか？

第 3 章

「答えのない教室」
を普段の授業へ

考えることって楽しい

　前章まで準備運動の話をしてきたわけだが、それぞれの生徒が普段かかわらない生徒とともに取り組むことで、自然な形で自由に考える姿が生み出されていく様子については分かっていただけたと思う。

　準備運動の問題はきわめてオープンエンドなもので、簡単な問題からはじまって難しい問題へと、グループに合わせて変えていくことも可能である。

　前述したように、1週間くらいこのような準備運動を行うことで、生徒一人ひとりの強みや弱みが見えてくるほか、学力レベルの違いが、話している会話や質問内容を耳にすることで見えてくる。また、社会性や精神年齢のようなものも、質問の仕方やほかのメンバーへのサポートの仕方で見えてくると思われる。

　1週間が終わるころには、ある生徒同士が同じグループになった場合、少し多めにヒントを出したほうがいいかもしれないといった感覚もつかめてくるだろう。

　理想をいえば、準備運動のような問題ばかりを解いて1年を終えられるのなら素晴らしい教育空間となる。生徒は考えることに夢中になるし、クラス内の関係性も見違えるようなものになっていくだろう。最終的に、「考えることって楽しい」と思ってもらえたなら、それが「教育のゴール」だと言える。

　だが、現状をふまえると、カナダにもカリキュラムが存在し

ており、1年間で教えなければならない内容が学年ごとに定められている。ここでは、「答えのない教室」を普段の授業で生かす方法について述べていくことにする。

授業のはじまり

授業の構成は準備運動ときわめて近いものとなっている。最初に話す時間は5分から10分くらいにしている。ホワイトボードの前に生徒が集まり、みんなが立っている状態で授業がはじまる。

ここで大事なことは、この日に教えたい内容の一番簡単な問題を解く前に、生徒が知っていると思われる知識は何か、と考えることである。また、クラス全員が理解していることは何なのか。それらを見極めてから、クラス全体でグループごとに知識を構築していく。

たとえば、分母の違う分数の足し算について学ぶのなら、見た目は違うが答えは同じ分数（等価分数）について、図形（円）を使いながら「$\frac{1}{2}$」が「$\frac{2}{4}$」にも「$\frac{3}{6}$」にもなることを確認する。あるいは、「$\frac{1}{2}$」を分母の違う数字で書くとどうなるだろうかと尋ねてみてもいいだろう。

また、等しい分数を生徒に聞きながら、円を使って一つ一つのスライスの大きさが違うことにも着目する。ピザでたとえるなら、$\frac{1}{2}$は半分のスライスを意味し、$\frac{2}{4}$は$\frac{1}{2}$と同じ大きさだが、一つ一つのスライスは$\frac{1}{4}$なので$\frac{1}{2}$のものと比べると小さくなるというふうに。

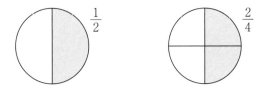

このあと、ホワイトボードの数か所に最初の問題を書く。先にも述べたことだが、各グループのホワイトボードすべてに書く必要はない。

例題 $\dfrac{1}{2} + \dfrac{1}{4} =$

クラスによっては、数問を同時に書いたりする。

$$\dfrac{1}{2} + \dfrac{1}{4} =$$

例題 $\dfrac{1}{2} + \dfrac{3}{4} =$

$$\dfrac{1}{2} + \dfrac{2}{3} =$$

この段階で、「ただ解くだけでは面白くないので、すべての問題において、図形（円）を使ってなぜ答えが合っているのか確認してほしい」と言う。

ここまでの準備ができた時点で私は、トランプのカードを使ってランダムなグループづくりを行っている。前述したように、3枚ずつ同じ数字のトランプを人数分用意すれば、あとはシャ

ッフルして生徒に引いてもらうだけだ。1週間の準備運動で生徒はすでにこのやり方に慣れているので、各グループとも、マーカーを一つずつとって問題を解きはじめることになる。

ちなみに、マーカーとホワイトボードのイレーザー（黒板消し）に磁石をつけておけば各グループのホワイトボードに張り付けておくことができるので、わざわざ取りに行く必要がないので管理がしやすい。

なかには、分母を同じにすることをすでに知っており、機械的に解き出すという生徒がいるかもしれない。そんな生徒にも、あえて図形（円）を使って説明してもらうと、実はあまり理解していなかったということに気付くかもしれない。

もしかすると、そんなことはまったく知らずに、とりあえず図形を描いて考えるという生徒もいるだろう。どちらにしろ、「分母の違う分数を足すときは、分母をまず同じにして、分子だけを足す」などという呪文を唱えず、ごく自然な形で図形を用いることを促せば解き方が浮かび上がってくるはずだ。

$$\text{解答例}\quad \frac{1}{2} + \frac{1}{4} = \frac{2}{6}$$

もちろん、上記のように書いてしまうグループもいるだろう。このような場合でも、ホワイトボードが縦掛けであるから瞬時に分かるし、「図形で $\frac{1}{2}$ と $\frac{1}{4}$ と $\frac{2}{6}$ を描いてみて」と声をかけることでまちがいに気付いてもらえるはずだ。

いずれにしろ、問題が解けたグループには、次のレベルの問題をホワイトボードに書いていく。このときも、すべてのグル

一プに提供する必要はない。2、3のグループのホワイトボードに書けば、解けたグループが次の問題を見つけて取り組むようになる。教師が使うマーカーの色を生徒と違う色にしておけば、生徒は次の問題が見つけやすくなる。

　例題として、授業で使っている問題を以下に掲載しておこう。先にも述べたが、これらの問題を一つずつ、もしくは数問ずつ、いくつかのグループのホワイトボードの上のほうに書いておく。そうすれば、問題を解き終わったグループから次の問題を探して解いていくようになる。

$$\frac{1}{2} + \frac{1}{4} = \qquad \frac{1}{2} + \frac{3}{4} = \qquad \frac{1}{2} + \frac{2}{3} =$$

$$\frac{1}{3} + \frac{3}{4} = \qquad \frac{2}{3} + \frac{4}{15} = \qquad \frac{7}{8} + \frac{6}{20} = \quad \text{（簡単な順に掲載）}$$

　ここから先は、分子が分母より大きい分数同士の足し算をやってもいいし、分数の引き算をやってもいいだろう。もし、帯分数の足し算や引き算をやりたいなら、その構造の話を復習してからやったほうがいいかもしれない。

　ひょっとすると、クラスによってはその必要がないかもしれないが、どの順番で問題を難しくしていくかについては、生徒が自然な形で知識を構築していく際に重要となるので、のちほど少し掘り下げて述べることにする。

　このような形で一定の問題を解いていくわけだが、カナダでは1時限が80分となっているので、20分から30分をグループワークにあて、そのあとに「まとめ（Consolidation）」を5分か

ら10分くらいかけて行っている。

「まとめ」だが、教師主導でやってもいいのだが、生徒のつくり出した解答を使うとより効果的となる。

　前章でも述べたように、生徒たちが解いている様子をじっくりと観察し、面白い解き方やまちがった解答をメモしておくとか、興味深い解答例に印を付けて、「これは消さないで！」と生徒に伝えておけば、「まとめ」の際に例として挙げることができる。

　もちろん、まちがいを指摘することを目的とするのではなく、「ユニークな考え方があるんだ」と生徒に知ってもらうためである。算数・数学にかぎらず、子どもたちの感性の豊かさに驚くことが誰しもあるはずだ。その具体例を挙げて、みんなで楽しんでもらいたい。また、まちがうことによって初めて自分の理解を知ることになるし、それによって学びが起こるということも伝えている。

　なお、ここで大事なことは、解答をつくったグループにはあえて聞かないことである。グループ外の人に考えてもらうことで想像力を高めてもらうのだ。ここに挙げた例で言えば、分母を同じにしないと一つ一つのスライスが同じではないために足せないことや、二つの分母を掛ければ同じ分母になるが、二つの分母の最小公倍数のほうが解きやすいことなどについて、解答例を使いながら話し合えるといいだろう。

　たとえば、$\frac{7}{8} + \frac{6}{20} =$ の問題では分母を160にすることもできるが、8と20の最小公倍数を使って分母を40にして計算すれば、分子の計算がより簡単になると気付くかもしれない。

一般的な授業では、例題を解くたびに教師が簡単な「まとめ」
をしているかもしれない。問題の要点とか解き方を説明したあ
と、次の例題に移って同じように「まとめ」をしているのでは
ないだろうか。

このような繰り返しは、いわゆる「できる生徒」だけのため
につくられた構造である。なぜなら、2問目は1問目の理解を
前提としている場合が多く、3問目の例題は2問目の理解を前
提とするように積み重なっており、どこかで一度つまずくと、
残りの授業は分からないまま書き写すという「手の運動」でし
かないからだ。

一方、「答えのない教室」での「まとめ」は、段階を経て、
全グループがある程度解けた時点で行っているため、解答に至
るプロセスの「見直し」という作業になる。最初の問題ほどよ
り多くの生徒が理解していること、そして最後の問題を理解し
ている生徒が少ないということをふまえて、最初に出した問題
の「まとめ」により時間を割くようにする。

このように配慮すれば、生徒一人ひとりの理解が構築されて
いく。要するに、理解しているかどうかを無視して、ただ解答
を覚えるだけという状態になることを避けているわけだ。

もしかすると、読者のなかには、「最後の問題を理解してい
ないのであれば、それに時間を割くべきではないのか」と思わ
れる人もいるだろう。この段階で言えることは、生徒自身が理
解を醸成することに集中してほしいということである。誰かに
教え込まれたことは、得てしてすぐに忘れるものである。

「まとめ」が終わると、グループ内でできたことが一人ででき

るかどうかを確かめるために問題を出している。私はこれを
「自分チェック（Check Your Understanding）」と呼んでいる。
生徒は、自分の机に座ってこの問題を解いていくことになるが、
なかにはホワイトボードを使って解いている生徒もいる。

「自分チェック」で出す問題は、一般的に「宿題」と呼ばれて
いるものに似ているかもしれない。授業時間が80分なので、「自
分チェック」の時間として20〜30分ほど与えている。もちろん、
その間に終えられる生徒もいる。

設問のコツ

　グループワークで使う問題は自分でつくっている。20分から
30分のグループワークだと、10問程度用意している。もっとも、
たたき台となる最初の問題は、教科書などに掲載されている例
題を使ってつくっている場合が多い。

　問題をつくるうえにおいて重要なことは、各問題のギャップ
を大きくしないことである。先ほどの例で言えば、「$\frac{1}{2} + \frac{1}{4} =$」
という問題のあとに以下のような問題を出してしまうと、多く
の生徒はギャップの大きさが理由で混乱してしまうだろう。

$$3\frac{4}{5} + \frac{57}{8} =$$

ここまで大きくなくても、教科書に載っている多くの例題は、
1問1問のギャップが大きい場合が多い。グループで試行錯誤
する際には、ギャップという階段を一つ一つ上っていくのにち

ょうどいいとされる「高さ」があるようだ。当然のことながら、受け持っているクラスによってこの「高さ」はかなり変わってくると思うが、ある問題から次の問題へ移る「高さ」は基本的に一段までとしている。

その一段とは、数字を一つ変えるだけのときもあれば、コンセプトを一つだけ変えることもある。先ほどの授業例で言えば、「$\frac{1}{2}$」はそのままとし、足す部分だけを変えてみるのだ。

$$\frac{1}{2} + \frac{1}{4} = \qquad \frac{1}{2} + \frac{3}{4} = \qquad \frac{1}{2} + \frac{2}{3} =$$

その後、分母の組み合わせを変えたのが以下の例題となる。

$$\frac{1}{3} + \frac{3}{4} =$$

このように書くと、「一つだけ変えよう」とする人がいるかもしれないが、こだわる必要はない。大事なことは、問題と問題のギャップが適切であるかどうかである。適切なギャップであれば生徒は挑戦を続けるし、グループ内で試行錯誤しながら集中した状態が保てる。

逆にギャップが大きすぎると、諦めてしまう生徒や、水を飲むとかトイレに行きたいからという理由で教室を出ていく生徒が多くなってしまう。日本では見慣れない光景かもしれないが、実際、カナダではこのようなことがよくある。

カナダでは、授業中に教室から出ていくことがよくあるし、教室内での飲食もほとんどのクラスにおいて認められている。

ちなみに私は、アイスコーヒーを片手に各グループのサポートを行っている。

ある程度難しくても、耐えられる許容量みたいなものを「答えのない教室」で身につけていくわけだが、とくに最初の数か月は、生徒の理解度と問題の難易度のバランス状態に気を配り、「ちょうどよい状態」を見つけることに集中してほしい。

ギャップは、最初のうちは小さすぎるくらいがちょうどいいだろう。そして、徐々に大きくしていくわけだが、それもクラスによって違ってくると思うので、いろいろと試していただきたい。

以下では、このような設問のコツを使った場合の、中学校での授業例を挙げることにする。

授業例

一般的に因数分解を教えるときは、その真逆の関係にある式の展開について前もって習うことになる。式の展開とは、「$(x+1)(x+2)$」を展開すると「x^2+3x+2」になるということである。生徒がすでに知っている場合は、最初の5分ほどを使って、ホワイトボードの前で以下の式を展開するとどうなるのかについてみんなで話し合う。

$$(x+5)(x+3)=$$

すると、何人かの生徒が以下のように答えるだろう。

$$(x + 5)(x + 3) = x^2 + 8x + 15$$

そして、そのあとに、以下の問題を出して、「どのように分解できるか」と尋ねてみる。

$$x^2 + 7x + 10 = (\qquad)(\qquad)$$

少し考えたあと、自然な形で以下のような答えが浮かび上がるだろう。

$$x^2 + 7x + 10 = (x + 2)(x + 5)$$

ここまで話し合ったら、ランダムなグループに分かれて問題を解いていく。因数分解の授業用として、以下のような問題をつくってみた。

$$x^2 + \ 9x + 20 =$$
$$x^2 + 12x + 20 =$$
$$x^2 - \ 7x + 10 =$$
$$x^2 - 10x + 24 =$$
$$x^2 - 11x + 24 =$$
$$x^2 - 12x + 36 =$$
$$x^2 - 10x + 25 =$$
$$x^2 - \ 5x - 24 =$$
$$x^2 - \ 5x - 36 =$$

$$x^2 - 0x - 36 =$$
$$x^2 - 49 =$$

　1問1問のギャップに注目してほしい。バリエーションとしては、「x^2」の部分はそのままとし、「x」の係数と定数の部分を少しずつ変えてみた。どのように分解できるのかという考えのもと、ここに示しただけでも、差の二乗や二乗の差のような、公式をまず教えてから解かせるような問題も生徒は自然に解けるようになるかもしれない。

　差の二乗の公式というのは、「$x^2 - 2ax + a^2 = (x-a)^2$」と書くことができる。つまり、「$x^2 - 2ax + a^2$」という問題を見たとき、すべて $(x-a)^2$ に置き換えることができるというものである。

　先ほどの例で言えば、「$x^2 - 12x + 36$」をどうすれば二つの掛け算として表現できるかと考えるわけだが、「$x^2 - 2ax + a^2$」の型と同じことに気付けば、「$x^2 - 12x + 36 = x^2 - 2 \cdot 6x + 6^2$」となり、「$x^2 - 2 \cdot 6x + 6^2 = (x-6)^2$」と書き換えることができる。

　同じように二乗の差は、「$x^2 - y^2 = (x+y)(x-y)$」と書くことができる。これも同じく、「$x^2 - y^2$」の型を見たときには「$(x+y)(x-y)$」と書き換えることができるというものである。例として挙げた問題で言えば、

$$x^2 - 0x - 36 = x^2 - 6^2 = (x+6)(x-6)$$

と因数分解できるということだ。

　もちろん、「まとめ」の部分で公式化することもできるが、あえて生徒には、まず要点となる「どのように分解できるのか」と考えてもらう。すると、想像もつかないような解き方を出してくるグループが出てくるので、生徒の創造的な解答をぜひ楽しんでいただきたい。

　クラスによっては、「$x^2 - 49$」で終わらず、「$x^2 - a^2$」や「$x^2 - (a + b)x + ab$」などといった出題をしてもいいだろう。数字ではなく、アルファベットを使うことで公式化を図ることが可能となる。

　先ほど、教材とする問題は自分でつくっていると言ったが、「つくる順序を詳しく教えてほしい」と言われることがよくあるので、以下で紹介したい。

　何度か教えた内容であるなら、クラスで使う問題をすべて自分でつくっているが、そうでない場合は、教科書に掲載されているものを参考にしている。

　たとえば、三平方の定理（ピタゴラスの定理）を教えたいとする。ちなみに、三平方の定理とは、直角三角形において各辺を a、b、c とした場合、その関係性は「$a^2 + b^2 = c^2$」になるというものだ。典型的な日本の教科書では、まず三平方の定理が証明されている。この証明をもとにして、直角三角形において２辺が与えられているとき、「残りの１辺を求めよ」といった問題が出されている。

　そして、「定理の逆」に移行する。定理の逆とは、もし各辺の関係性が「$a^2 + b^2 = c^2$」であるなら、その三角形は直角三

角形であるということである。これをもとにして、与えられた
三辺から直角三角形かどうかを調べたり、三平方の定理を長方
形の対角線や面積、体積、円などに応用していくというのが一
般的となっている。

　全体の流れとしては、抽象的な証明から、より具体的な問題
に移行し、ほかの単元や学年で習ったような考え方も混ぜなが
ら定理の応用を図るという流れになっている。「抽象から具体」
か「具体から抽象」かは、教える学年やグループによって違う
と思うが、私の場合は、基本的に具体的な問題から入っている。

　三平方の定理でいうと、最初の5分ほどを使って下記の三角
形について話をしている。そして、この三角形について気付い
たことを生徒に話し合ってもらう。

　なかには、直角三角形であることに気付く生徒がいるだろう
し、「$3^2 = 9$」であることや「$4^2 = 16$」であることに気付く生
徒がいるかもしれない。さらに、最終的に9と16と25の関係性
に気付くという生徒も出てくるだろう。もし出てこなければ、
ヒントを与えれば導くことができる。

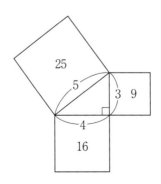

このような話をしたあとに、グループに分かれて以下の問題から気付いたことを書いてもらう。

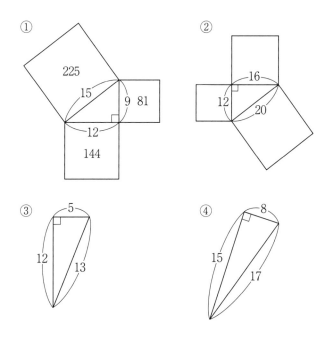

⑤今までの例から見られる直角三角形の辺の関係性を説明してください。

⑥もし、各辺にくっついているのが正方形ではなく半円の場合、似たような関係性はあるでしょうか？

⑦ほかにも、どの形なら似たような関係性が見られますか？

このように、最初は各辺に正方形を付けた状態かつ、数値を書いた状態で三辺の平方の関係性に気付きやすい問題をつくり、

徐々にこのようなヒントがなくても気付けるような問題に移行していく。そして、最終的には、三平方の定理が平方、つまり正方形でなくてもいいことに気付いてもらったり、どのような形なら似たような関係性が見られるのかについて調べるというオープンエンドな問題につなげていく。

　たとえば、三角形の各辺に正三角形をつくってみる（下図を参照）。

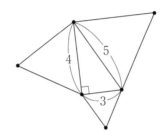

　先の三平方の定理では各辺に正方形がくっついていたわけだが、正三角形であっても似たような関係は存在するのだろうか。つまり、以下のようになるのかということである。

**　辺の長さが3の正三角形の面積＋辺の長さが4の正三角形の面積＝辺の長さが5の正三角形の面積**

　各辺にくっつけるのが正方形でなくてもいいなら、半円ならどうだろうか？　読者のみなさんには、半円の面積の関係性が三平方の定理のようになるのかどうかについて考えていただきたい。

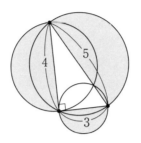

　このような問題を通して、三平方の定理に対する「感覚
（intuition）」をまず磨いてもらう。そして、授業の最後に、生
徒が書き出したさまざまな例を使いながら、どのような関係性
に気付いたかについて話し合ってもらう。

　その際、最初の例題を使いながら三平方の定理の一般的な関
係性についてまとめることもできるだろうし、ほかのグループ
の例を見ながら、三角形の各辺にくっついているのが正方形で
なくても似たような関係性が成り立つ、と話せるだろう。

　ここでは、正方形以外でも使えるといった見方がカナダの教
科書では一般的に応用問題として掲載されているので使ってみ
た。生徒にとっても、**自分で見つけた形**が似たような関係性に
つながるといった体験は楽しいものとなる。

　ここから先の授業では、直角三角形の二辺が与えられていた
場合の残りの一辺を求める問題や、三角形の三辺が与えられて
いる場合、それが直角三角形かどうかを調べるといった問題を
解いていくことになるが、まずは各辺を整数からはじめて、有
理数（分数での表記が可能）や無理数（$\sqrt{2}$ や π）に変えてい

くことで難易度を高めていく。たとえば、以下のような問題が
考えられる。

問題　x の値を求めよ。

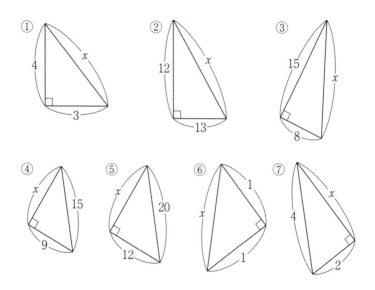

　カナダで教えている私の経験で言えることは、生徒の視点に
立つと、斜辺を求める問題のほうがほかの辺を求める問題より
も簡単であるということと、答えが整数になるほうが無理数の
場合よりも簡単であるということだ。このようなことを考えな
がら、以上の問題をつくったわけである。

　もちろん、クラスによってはもう少し早い段階で難易度を上
げることもできるだろうし、その逆もありえるだろう。そのペ
ースが遅ければ大丈夫だが、ペースをいきなり上げすぎるとつ

いてこれなくなる生徒が出てくることを肝に銘じていてほしい。

　このように、具体的なものから抽象化を図っていくというスタイルを私の授業ではよく行っているが、あくまでも生徒の視点に立って、どうすれば学びを可能にする質問が投げかけられるのかに注視してほしい。

　中学校の教材例はここまでとして、小学校、「とくに低学年の教材例も見てみたい」と言われることもよくあるので、以下では、これまでに話したことをふまえながら小学1年生の授業例を紹介したい。

　私は、日本で言うところの中学2年から高校3年にあたる学年を教えているので、小学校の、ましてや日本のカリキュラムには詳しくない。しかも、小学1年生がどの程度までグループワークができ、書くことができるのかについても詳しくないので、あくまでも参考として読んでいただきたい。ちなみに、リリヤドール教授の研究によると、小学校2年生くらいまでは3人のグループよりも2人のグループがいいようだ。

　右に示す問題は、普段私が教材をつくっている手順に基づいて、日本の小学1年生向けにつくったものである。たとえば、いろいろな形を学ぶ場合、私がつくると**図3-1**のようになる。

　すでに平面図形についての仲間分けを終えているなら、1問目のような問題を、最初に行う短いレッスンとして使用するかもしれない。たとえば、1問目に関する仲間外れとして、角が三つあるから三角形になるかもしれないし、辺の長さが違うから台形と言うかもしれない。

図3-1 筆者がつくった小学1年生向けの問題

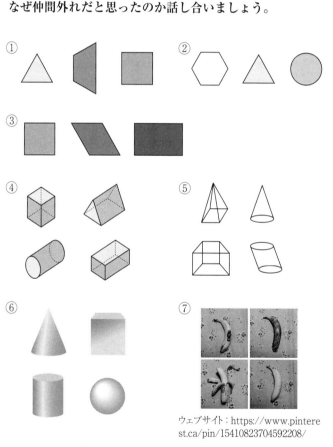

問題　仲間外れはどれでしょうか？　それぞれについて、なぜ仲間外れだと思ったのか話し合いましょう。

① ② ③ ④ ⑤ ⑥ ⑦

ウェブサイト：https://www.pinterest.ca/pin/15410823704592208/

⑧身の周りのものを四つ集めて、仲間外れを見つけよう。

　いずれにしろ、ある程度の復習が終わった時点でグループワークをはじめ、平面図形から立体図形に移行していくことにする。

　私が授業を進めるなら、どれが違う図形であるか、またなぜそう思うのかということについて話し合ってもらい、それぞれの特徴を明確にしてもらうだろう。また、出された特徴は、当然グループごとに違ってくると思われるので、それらを最後の「まとめ」のときに紹介して、さらに理解の幅が広がるようにしたい。

　丸いもの、四角いもの、転がるもの、転がらないもの、といった分け方もいいが、思いもしないような分類の仕方が出てきたときには、ほかのグループに紹介したり、「まとめ」のときに、このグループはどうしてこのような分け方をしたのだろうか、とみんなで考える機会を設けるのもいいだろう。

　7問目は「お遊び」みたいなもので、より抽象化した問題にすることもできる。つまり、仲間外れは、「皮が剥かれているバナナ」、「シミのついたバナナ（右上）」、「シールの付いていないバナナ（右下）」、「シール（青色）の付いたバナナ」という答えすべてが正解になるということだ。

　そして8問目は、一つだけ「仲間はずれ」になるものを四つ集めてくるというものだが、それ以外のものも「仲間はずれ」にできないかと考えてみるのもいいだろう。たとえば、6問目にあるような立体を集めてきたなら、円との関係や転がるものということで立方体を「仲間はずれ」にすることができるし、尖っているからという理由で円錐を「仲間はずれ」として選ぶこともできる。

このように、見方によっては答えが変わるということや、解き方によってはそのプロセスが変わることを普段から実感してもらえるように私は努めている。こうすることで、算数・数学において、誰（この場合は教師）が言ったのかよく分からない答えが絶対的なものではなく、「自分で考えることによって答えは構築できる」という実感を味わってもらっている。

　読者のなかには、「とはいっても、教科書の問題をそのまま使うことはできないのか」と思われる人もいるだろう。また、授業の準備をするのにあまり時間がないという人もいるだろう。

　確かに、グループ内で使う問題は、担当しているクラスや生徒の視点に立てば、毎年アップデートしていくことが求められる。教科書の問題をそのまま使うと、生徒が混乱する場合が多くなるし、学級経営が難しくなったという経験もある。とはいえ、生徒のリアクションを見ていくなかで、「こんなところがつまずくポイントなのか……」と気付く場合もあるので、決して悪いことばかりではない。

　さらに、教師にとっての「簡単、難しい」という感覚と、その内容を初めて習う生徒の「簡単、難しい」という感覚はまったく別物であると気付くはずなので、あまり時間がないという場合は、とりあえず教科書に掲載されている問題を授業の前にノートに書き出して、グループワークで使うというのもいいだろう。

　もし、1問目と2問目の間に大きなギャップがあれば、その中間になる問題をその場でつくり、ギャップを小さくする。そ

れでも、実際に使ってみると混乱する生徒が出てくると思われる。そのようなグループがいくつかあれば、授業中に２、３のグループを集めて補足説明をすればいいだろう。

いずれにしろ、あまり気負うことなく実際にやってみることが重要である。というのも、毎年実践するなかで問題の精度がどんどん上がっていくので、このような補足説明の必要がなくなっていくからだ。

産みの苦しみではないが、仮に授業の準備に時間をかけて慎重を期したとしても、思いもしないようなところで生徒は躓いたりするので、まずはやってみることが一番である。やっていくなかで、授業中に修正できるものは修正し、できなかったものは次の授業に生かしていく。教師にも試行錯誤は必要だし、そこでの学びが大変興味深いものであると私は思っている。

最後に、準備運動として使える問題を紹介しておこう。この問題は、イギリスのケンブリッジ大学が中高生向けにつくったものである（https://nrich.maths.org/paintedcube）。

「ルービックキューブ」──準備運動3

３×３×３の、一般的なルービックキューブを想像してほしい。小さいキューブ（立方体）をいくつ使ってこれはできているだろうか。このルービックキューブを、ペンキの中にどっぷりつけたとき、以下の質問に対する答えはどうなるだろうか。

・3面にペンキが付いているキューブは何個あるだろうか？

・2面にペンキが付いている個数は？

・1面にしか付いていない個数は？

・まったくペンキが付いていないキューブはあるだろうか？

　この問題が解けたら4×4×4、5×5×5、もしくは10×10×10のルービックキューブで試してほしい。そして、それらが終わったら、「$n×n×n$」の一般式がつくれるかどうかを考えていただきたい。

　この問題は中高生向けにつくられたものだが、数えることさえできれば参加可能となるので小学生でもできる。ルービックキューブにかぎらず、同じような形が目の前にあれば誰もができる準備運動となる。

　そして、$n×n×n$の部分についても、

「52×52×52を実際つくらずに、今までのパターンだけで答えを導くことはできる？」

と尋ねるだけで、小学生でも公式に似た形を導くことになるので試してみてほしい。

　読者のみなさんがこの準備運動をどのように導入するのか興味深いところだが、私は以下のような声かけをしている。

教　師　ここに一般的なルービックキューブがあります。ルービックキューブは、小さなキューブ（立方体）が集まってできています。いくつあるかな？

生徒A　一番上の段には $3 \times 3 = 9$、九つのキューブがあります。

生徒B　それが3段あるので27個。

教　師　そうだね。全部で27個のキューブが集まって、ルービックキューブはできています。これをペンキがたっぷり入った缶につけます。そして、1日乾かします。翌日、乾いたキューブをバラバラします。この角の部分は、何面にペンキが付いているかな？

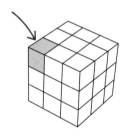

生徒C　3面。

教　師　そう。では、この部分は？

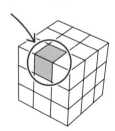

生徒C　3面。

生徒B　違います、2面です。

教　師　じゃあ、この真ん中の部分は？

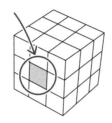

生徒C　1面だけです。

教　師　こんな感じで一つ一つのキューブを見たとき、3面に
　　　　ペンキが付いているキューブ、2面にペンキが付いている
　　　　キューブ、そして1面にペンキが付いているキューブがい
　　　　くつあるかを考えてもらいます。

　ここからは、ランダムに選んだグループに分かれて問題に取
り組んでもらう。あえて、このときには、まったくペンキの付
いていないキューブについては問わなかった。経験から言える
ことは、問題を解いていくなかで、1面から3面だけペンキが
付いた個数を合計したときに「27」にならないことに気付くグ
ループが多いということだ。

　もし、あまりにも困っているグループがあれば、「全部でキ
ューブは27個あるよね。残りのキューブはどこに隠れているの
かな？」といったヒントを与えるだけで気付くだろう。

　3×3×3のルービックキューブが終われば、前述したよう

に4×4×4や5×5×5などに移行していき、そのあとは10×10×10などのようにあえて数字を飛ばして、実際にルービックキューブの絵を描くのではなく、パターンに気付いてもらうように促していく。

前述したように、中高生であれば「$n×n×n$」に取り組めるだろうし、小学生でも、10×10×10ではなく、52×52×52のように大きく飛躍した数字を示して、ルービックキューブの絵を描かずに解く方法を考えてもらっている。もちろん、学年によっては実物のルービックキューブを用意しておいたほうがいい場合もある。

生徒には「公式化している」という感覚はないかもしれないが、このプロセスを通して3面にペンキが付いているものはいつも8個であることや、まったくペンキの付いていないものは、3×3×3の場合は1個だけだったが、4×4×4の場合は2×2×2のように、ルービックキューブのなかに一回り小さなキューブが存在することに気付いていくはずだ。

一人で考えていると公式化するのは難しいが、グループで協議しながら進めていくとさまざまな意見が出ることも

日本の小学生がルービックキューブに取り組む（GLI2023夏）

あって、いろいろな方向からパターンを見いだすことができる。

　数学を教えていてよく思うことだが、簡単なケースや小さなケースを徐々に大きくしていくことで、一般化や公式化を図ることが可能となる。ルービックキューブを使っての準備運動は、まさにその典型的なものであり、一般の授業にも転化できる要素を多分に含んでいると言える。

　つまり、授業で使うグループワークの問題をつくるとき、あえて一般化まで教えずに導けるかと考えたときに、この問題が大変参考になったということだ。

　本章で紹介した準備運動としての問題、みなさんは理解できただろうか？　少し振り返っていただき、以下の質問に答えてもらいたい。そして、みなさんの実践に生かしてもらえればうれしい。

リフレクションタイム

・どのようなことに気付きましたか？

・どの部分が気に入りましたか？

・本章に記した内容で、普段の授業に取り入れようと思うことはありましたか？

・「答えのない教室」を普段の授業に取り入れてみようと思われますか？

・もし、そう思われない場合、その理由は何ですか？

・また、どのような難しさを想定されていますか？

第 4 章

「答えのない教室」
で気を付けたい点

達成感が得られる問題づくり

ここまで読まれたことで、1時限の間に教えたい内容、その出発点、そして教科書の例題を参考にしながら、ギャップについて考えながら設問していくというプロセスはお分かりいただけたと思う。とはいえ、「言うは易く行うは難し」で、実際に問題をつくって、ちょうどいいギャップだなと思っていても、生徒の反応や話している内容から、思いもしなかった難しさを感じている状態を目にすることがある。

驚くこと勿れ。ライブ感豊かに生徒からフィードバックをもらいながら問題をつくれば、その精度はまちがいなく上がっていくので安心していただきたい。もちろん、試行錯誤を必要とするが、生徒が諦めてしまうことはなく、山の頂に登りついたかのような達成感を得られるような問題づくりを私は目指している。

ところで、考えられる状態を可能にするために、もう一つ気を付けたいことがある。それは、教師なら誰しも陥りがちとなる癖、「答えすぎる」という姿勢である。

答えすぎる教師

第2章の準備運動のところでも話したことだが（29ページ参照）、「答えすぎる教師」について少し詳しく述べていこう。

たとえば、いろいろと試してはみたが、問題の解き方が分か

らずに立ち往生しているグループがあるとする。前章の例でいえば、以下の問題を解いているときにマーカーが完全に止まっている状態である。

$$\frac{1}{3} + \frac{3}{4} =$$

ここで教師は、「分母を12にすればいいんだよ」とか「たすき掛けをすればいい」と、つい言ってしまいがちである。しかし、このようなヒントには考える余地がまったくない。だから、次に同じような状況になったときにも、解決の糸口が見いだせないままとなる。

では、どのようなヒントを出せば、似たような状況になった際に自分で考えるようになるだろうか。つまり、生徒の考えを促すヒントである。

私なら、「分母と分子をそのまま足すのはどうだろうか」と、あえてまちがったやり方を提案してみたり、問題を口に出して、「この分数を足すにはどうすればいいかな」と尋ねるかもしれない。不思議なことに、問題を読み上げることで解き方に気付いたりするものなのだ。

もちろん、もう少し直接的なヒント、「この状態だと分母が違うので足せないかな」などと独り言を言って通り過ぎるだけでも、グループ内の考えを促進することになるだろう。

要するに、生徒が考えるような「声かけ」をして、プロンプト（同じような声かけ）が生徒から出てくれることを期待するということだ。

「こんなヒント、本当に役立つのか？」と思われる読者もいるだろう。大いなる疑問を抱くだろうが、ぜひ試していただきたい。思考の方向性さえ示せば、自分で導き出す力を生徒がもっていることに気付いていただけると思う。

　因数分解での例を挙げよう。あるグループが、以下の問題において考えあぐねていたとする。もちろん、少し見守っている間に自力で解くグループもあるだろうが……（67ページ参照）。

$$x^2 - 0x - 36 =$$

　グループのメンバーを見て、早めにヒントを与えたほうがいいなと思えるような場合であったとしても、「6×6を使ってみるといい」と答えてしまうことだけは避けたい。私なら、「どうすれば x の係数が 0 になるだろう」と言うだろう。前述したように、独り言のように言って去るだけでも、グループワークは進んでいくものだ。

　考えることを最善化するグループの集中状態のことを英語では「エンゲージメント（engagement）」と言うが、この状態をより長く維持できることを「答えのない教室」では目指している。言うまでもなく、教師がカリスマである必要はない。むしろその逆で、どのような問題でも、生徒自身が自然に考えるという姿勢が身につくことを目指している。

　一般的に望まれている「カリスマ教師」とは逆行する流れとなるが、丁寧で分かりやすい説明、尋ねられた質問にはすぐに答える姿勢——このような状態だと、教師に頼る生徒が増える

ばかりである。一見、エンゲージメントしているようにも思えるが、生徒はカリスマ教師に教えてもらっているという安心感と、「答え」という刺激を受けているだけである。多くの人が望んでいる「主体性」は、まず得られない。

教師に頼り切った生徒は、「考える」ということを一切しない。これとは逆に、教師などいなくても自分たちで何とかできると思えるくらいのレベルまでもっていければ、「答えのない教室」は完成に近づいてくる。そのためにも、生徒自身から生み出せるものを中心にヒントを与え、いわゆる「これで合ってますか？」とか「このやり方でいいですか？」といった類の質問には答えないようにしていただきたい。

この質問の意味するところを読み解けば、答えないほうがいいことに気付くだろう。その意図は、何となく答えは出せたが、解き方や答えに行きつくまでの理由付けに関しては自信がないため、「先生、そこのところ全部やってもらえませんか」と言っているにすぎないからだ。

一般的な授業では、このような質問に対して当たり前のように答えていると思われるが、答えれば答えるほど生徒は教師への依存度を高めていくことになる。理由付け、なぜ答えが必然的なのかという議論の組み立ては、数学を学ぶうえにおいてもっとも大事なことだが、それ以上に、コミュニケーション・スキルとして普遍的に大事なことだと私は思っている。

個人的な意見だが、受け持っているほとんどの生徒が、数学で使う公式や解き方をいずれ忘れると思っている。生徒によっては、テストの次の日にはすっかり忘れているかもしれない。

しかし、考え方の習性というものは残り続けるし、残ってほしいと願っている。そのため、このような質問をしてくる生徒には、「合っているかどうかを確認する方法はあるかな」とか「この答えに何％の自信がある？　もし、100％でないなら、グループで話し合って、今よりもレベルが上がったときにもう一度声をかけて」と言ったりしている。

このように促せば、答えや解き方も含めて、生徒自身が確認する方法を身につけていくはずだ。とはいえ、読者のなかには次のように言われる人もいるだろう。

「生徒が考えることの重要性は分かるが、教える活動と考える活動のバランスが必要ではないか。内容によっては、やはり教えるべきことや、生徒によっては分かりやすく説明する必要があるのではないか」

数学において、本当に教えないといけないこと、つまり言わざるをえないことはいったいどれくらいあるのだろうか。ぜひ、考えていただきたい。

歴史や文化の影響を受けて決められた記号や名称については、いくら考えたところで何も出てこない。つまり、三角形や四角形のことを英語では「Triangle」や「Square」と言うが、その語源を考えるだけの必然性はないだろう。また、変数として「x」をよく使うことや、座標においては「xy座標」という言葉をよく使うが、これらも教えるしかない。

このように、歴史的な背景に基づいて決まってしまっているものは別として、三平方の定理や因数分解、異分母の分数の足し算、小学校1年生で学ぶ「いろいろな形」を分類することな

どは、すべて論理的な必然性から導き出すことができる。ゆえに、すでに決まっているものと、論理的な必然性によって導き出せるものは分けて考える必要がある（Hewitt, 1999参照）。

そのうえで、論理的に導き出せるものをより自然な形で表せられるようにサポートするための問題づくりが重要となり、ヒントの出し方がそれを支えることになる。

私の授業においては、生徒に考える機会を与えずに「教える」といったケースは極めて少ない。これを基本的なスタイルとしているが、クラス内の状況によっては例外もある。

仮に、2学年から3学年以上の学力差がある生徒がクラスにいる場合、つまりグレイド9（中学2年相当）の数学を選択しているのに、学力がグレイド6（小学6年生）くらいの場合、知っている内容に幅がありすぎて、準備運動の問題も、グループ内で解く一番簡単な問題も理解できないというときがある。

このような場合、授業のはじまる少し前に、対象となる生徒にだけ取り組む問題について説明を行い、解き方を詳しく教えている。数人の生徒に教えても、最初の数問が解ける状態になるまでにかかる時間は5分程度でしかない。その後、授業をはじめるようにしている。

学力差がある生徒は、グループワークにおいて、意見を述べるよりも観察状態になりがちとなる。しかし、事前に数問を解いた状態で授業にのぞめば、授業の内容が入ってきやすくなり、率先して最初の問題から取り組むという傾向がある。

これを繰り返せば、すべての生徒ではないにしても、学力差がある生徒も自信をもってグループワークに取り組むようにな

り、お互いに支え合う形で、より難しい問題にもチャレンジするようになる。学力差がより多面的な質問を生み、逆に「強み」になることをぜひ経験していただきたい。

もう一つ、教える活動の一環として、「最終的には、公式や解法はやっぱり教えたほうがいいんじゃないか」という意見もあるだろう。

授業の最後に、各グループが出した解答などをもとにして「まとめ」を行っていることは第2章や第3章でも述べた。このときに、出てきたユニークな解答をもとにして、各グループがどのような意図で解答をつくったのかについて話し合うことで学びを深めている。とはいえ、最終的にこの点は押さえておきたいという部分は授業前に決めておく必要があるだろう。それは、授業によっては公式かもしれないし解法かもしれない。

しかし、算数・数学においては、一部の記号や名称を除いて、ほとんどが論理的に構築されたものなので、「この方法でしか解けない」といった説明は極力避けるようにしている。さまざまな解答が出てきたのに、最終的に教師が「この解き方でないとダメだ」と言ってしまうと、グループワークや考えることの意味自体を否定することになってしまう。

よって、押さえたい点に関してはあらかじめ決めておいて、その方向性と似た解答が出てくれば、それを「まとめ」のときに使えばいいだろう。もし、教師が想像していたような解答が出てこなければ、ある程度進んでいるグループに対して、「このようにしてみるのはどうだろうか」といったヒントを与えて、「まとめ」で使える解答を意図的に引き出すこともできる。

　現時点で私に分かっていることは、同じ問題でも、さまざまな解法が出てくるグループもあれば、同じような解法ばかりが出てくるグループもあるということだ。いろいろな解法を認め合うクラスであればあるほど、生徒はより自由に試行錯誤する姿勢を見せるし、まちがうことを恐れなくなる。

　解法の自由度に関していえば、私が教えている高校では学年が下がるほど活発で、上になると似たような解法を出しがちとなっている。学年が上がるほど、教師が求めていることを予測するのかもしれないし、塾や家庭教師から事前に教わっているのかもしれない。とにかく、考えること自体が不自由になっていくようだ。現在、この傾向を打開する方法を模索中である。

　また、学年が上がれば上がるほど、州統一の共通テストがないブリティッシュコロンビア（BC）州でさえ、いい点数を取るにはどうすればいいか、ということに意識が向きがちとなる。それゆえ、普段の授業において解法がいくつもあるようなオープンエンドな問題をあえて出し、定義・定理・証明もすべて無駄がなく、整理されつくしたものが数学ではなく、何世紀もかけて紆余曲折を経ながら整理されてきたものが数学であると、実感してもらえるように努めている。

　そういえば、「カナダには受験勉強というものはあるんですか？」と尋ねられたことがあるが、基本的にはない。日本と違ってカナダにおける教育の管轄は州単位となっているので（州によって少し違う）、基本的には、日本で言うところの「総合型選抜・AO入試」のような形が一般的となっており、主要教

科における高校3年時の成績（平均点）と課外活動、そして「大学でどのようなことを学びたいのか」といったテーマで小論文を書いて提出する形で入試結果が決まる。

ただ、州によっては、高校3年の最後に共通テストを行うほか、最終成績に対する比重が高いところもある。つまり、共通テストの結果次第で大学に入れるか否かが決まるということだ。

私が住んでいるBC州では、新しいカリキュラムへの移行とともに共通テストが2016年に廃止された。その理由は、学びや教える目的が、生徒自身のより柔軟で深い理解のためではなく、どうすれば高い点数を効率的に取れるかということに意識が向きがちとなったからだ。つまり、生徒だけでなく、教師も共通テストの傾向を理解して、正答を出すことだけが授業の目的になってしまうという状態である。

さらに、1年に一度という記述式の共通テストは、公平な機会ではあるものの公正さに欠けるなど、さまざまな問題を挙げることができる。つまり、移民の国カナダ、そしてインクルーシブ教育を進めるカナダにおいては、社会経済的水準の高い家庭やテストという「型」に慣れた生徒だけが学びを享受するのではなく、すべての生徒がそれぞれの方法で学びを実感してほしいと考えられているからだ。

これらが理由でBC州においては、各クラスの単元テストや中間期末などの比重が増している。生徒たちは、主要教科の平均点をいかにして高い位置でキープするかと躍起になっている。これはこれで問題だが、本書の趣旨とはずれるので言及するのは避けたい。

生徒との関係性

「答えのない教室」を実践すれば、生徒自身が考えて、その答えも含めて論理的に理由付けができるようになる。このようなプロセス重視の思考法さえ身につけば、第1章に掲載した以下のような質問は出てこなくなる。

「先生、これはどうやって解くんですか？」
「先生、この問題はさっきの例題と違うので分かりません」
「先生、とにかく解き方を教えてください」

これらの発言の裏には、考えるということを完全に放棄した生徒の姿がある。でも、それは生徒のせいではない。教育システム全体として、考えるという部分を教師がすべて背負い込み、生徒に考える機会を与えてこなかっただけである。

それだけに、このような発言をしていた生徒が、試行錯誤しながら、まちがいながら、それでも諦めることなく取り組んでいる姿勢を見せるだけで感動すら覚えてしまう。

このような状態をつくるためには、教師と生徒との関係性が重要となってくる。なぜなら、生徒にとって「答えのない教室」は、これまでの「負荷ゼロ」という状態からの脱却となるからだ。つまり、「一人ではできない」と思っていたことが「できる」という思考状態に移行していくわけだから、心理面におけるサポートが重要になってくる。

「脳トレ」という言葉を聞いたことがあるだろう。「答えのない教室」こそ、まさに脳のトレーニングと言える。

　グループのつくり方、配慮された問題づくり、そしてヒントの与え方など、すべてが考えることを可能にするものであるということを知らずに、「先生から何も教わっていない」と言い出す生徒がいるかもしれない。生徒にとっては、それほど負荷の大きい行為だと言える。

　実際、このような授業を毎日受けることで脳の「筋力」は見る見るついていくのだが、はじめたばかりの生徒はそんなことを知る由もない。だからこそ、教師との信頼関係が重要になる。信頼関係さえつくれれば、少しくらいの負荷があっても、生徒は「まあ、やってみるか……」と思うようになる。

　信頼関係のつくり方は教師によってまったく違ってくるだろうが、私のクラスでの例を挙げると、学期始めにまずネームプレートづくりをしてもらっている。そこには、生徒の名前はもちろん、趣味や呼ばれたい代名詞など、生徒独自の情報を書いてもらっている。

　ちなみに、カナダの教育現場においては、よく代名詞を聞くことがある。それぞれのジェンダー認識への配慮であるが、見た目が男だからといって「He」で呼ばれたいわけではないということだ。

　このようにして、それぞれの生徒の情報をもとに、授業前や授業中に対話をするように心がけている。話す内容はたわいもないもので、週末に何をしたとか、将来どんなことをしたいか、などである。

　これが常態化すると、普段の授業のなかでも、困っていることがあると言いやすい関係性ができるし、授業に集中していないように見えても、実はかなりグループに貢献していることに気付いたりもする。勝手な思い込みを避ける意味でも、生徒との信頼関係は重要となる。

授業に遅れは出るのか

　第3章、第4章と、普段の授業においていかに「答えのない教室」が実現できるかについて話してきた。授業の少し前に行う学力差のある生徒へのサポート、短い授業もしくはショートレッスンからスタートして、グループワーク、そしてファシリテーターとしてのグループへのサポート、最後の「まとめ」から「自分チェック」（63ページ参照）へと進んでいくわけだが、このプロセスを表にすると以下のようになる。

表4-1　「答えのない教室」の流れ（日本の場合）

時間	授業内容	考慮すること
授業前	5分ほど、学力差のある生徒へのサポートを行う。	グループワークで解く、最初の数問ができる状態にもっていく。
0:00～0:05	ショートレッスン	事前知識から、その日に取り組む一番簡単な問題に必要な知識とは何か？

0:05〜0:25	グループワーク	どのグループがサポートを必要としているのか？ どのグループが次の問題を必要としているのか？
0:25〜0:35	まとめ（Consolidation）	今日の学びの要点は何か？生徒の例から導き出す。絵画展を歩くように。
0:35〜0:45	自分チェック	グループでできたことを、一人でどれくらいできるかチェックしてもらう。

注：あくまでも例で、授業によっては、全体のプロセスを二つの授業にかけて行うほうがうまくいく場合もある。

　グループごとにペースは違うし、さまざまなレベルの生徒がいる。「答えのない教室」がうまくいくと、教師に頼り切った状態ではなく、生徒一人ひとりが支え合うシナジーが生まれる。とはいえ、このような生徒主体の授業では、やはり授業に遅れが出るのではないかといった疑念をもたれる人が結構多い。これは、よく尋ねられる質問の一つでもある。

　カリキュラムに則った授業をはじめる前に、準備運動として興味深い問題を1週間ほどかけて取り組んでからカリキュラムの内容に移行していくわけだから、当然、学期始めからカリキュラムの内容を教えている教師よりは出遅れることになる。しかし、第2章で話したとおり、考えることを自然な形でクラス全体に定着させることを目的とするなら、いきなりカリキュラムの内容に入るというのは逆効果である。それをふまえたうえでも、「この1週間の遅れは取り戻せるのか」とか「これほど

生徒に考える時間を与えると、授業の進みがさらに遅くなるのではないか」と心配する人もいるだろう。

だが、考えていただきたい。教師の真似事をするだけの生徒は、先に挙げた（95ページ）ような発言を常にすることを。

まったくの思考停止状態で手だけを動かしている生徒は、誰かからすべてのステップを教わるまで次に進めないものだ。このような傾向は、学年が上がれば上がるほど強まってくる。同じような内容を1年とか1学期をかけて学んできたはずなのに、「なぜ、このような質問をするのだろうか」と思ったことはないだろうか。まさに、それこそが思考停止状態なのだ。

「答えのない教室」では、少しだけ出遅れるものの、教師に頼りきっているという状態が少しずつだが変化していく。そして、生徒同士で話し合い、時間とともに理解しようとする姿勢が高まっていく。

考えなくてもいい授業を10年近く受けてきた生徒が、私の授業を受けたからといって急に変わるわけがない。しかし、たとえ少しでも考えるということが当たり前になった生徒は、私が「ヒントを出そうか」と声をかけても、「いや、もう少し考えさせてください」といった反応をするようになる。

要するに、教師中心に回っていた授業がグループごとに回りはじめるのだ。さらに、グループ内だけでなく、グループ同士でも情報の共有や知識の構築がなされていき、シナジーがさらに生まれていく。より多くの生徒が自主的に考えるようになったクラスでは、授業の進み方が早くなるし、ヒントやサポートを必要とする生徒がはっきりするので、学期始めの遅れは、も

しかすると学期が終わるころには取り戻せていたり、追い抜いているかもしれない。

　一人の教師が生徒全員を引っ張っていく状態と、生徒一人ひとりがお互いを支え合う状態、その違いを述べるまでもないだろう。

板書することの意味

　よく尋ねられる質問の一つとして、「答えのない教室ではノートを取るんですか？」というものがある。この質問に対する私の答えは以下のようになる。

　教師が言っていることをただなぞるだけの、いわゆる板書を写すという行為には「まったく価値がない」と思っている。なぜなら、ほとんどの生徒において、板書されたものを写しながら聞き、理解し、理解したことをチェックするという一連の行為は不可能に近いからだ。よって、ほとんどの生徒は、教師の書いている内容をなぞっているにすぎない。

　言うまでもなく、「考える」ことを必要としない行為である。さらに、ほとんどの生徒は書いたノートを見直すということもない。だとすると、ノートを取るという行為に一体何の意味があるのだろうか。

「答えのない教室」では、最初の数週間は基本的にノートを取らない。第２章、第３章で述べたように、グループワークの終わりに「まとめ」としてその日のグループの解答や誤答などを紹介していくが、そのあとは席に着いて、それぞれが今日学ん

だことができるかと「自分チェック」を行っている。

　私のクラスでは、最初の数週間はグループワークをしていくという授業形態に慣れるための時間として使い、その後、「まとめ」で話した内容やグループワーク中に気付いた内容をノートに整理するという時間を設けている。

　私のクラスで使っているノートは、下の表のようなものである。各列に書いてあるのは、「数学用語（Vocabulary）／定義（Definition）」、「今日学んだ重要な点」、「例題（Examples）」、「解き方（Procedures）」となっており、授業で学んだことを数行にまとめるというものである。

　生徒たちは、最初の短い授業からグループワーク、「まとめ」までという一連の流れで気付いたことをこのノートに書き留めていく。すべての生徒にとって意味のあるものにすることが大

表4-2　私のクラスで使っているノート

数学用語／定義	今日学んだ重要な点	例題	解き方

事なので、ノートを取ってから数週間後から数か月後に、その単元の問題をもう一度解いてもらっている。そのとき、ノートに書いてあることが実は理解できていなかったということに気付く場合もある。また、ノートに書いてあることが思い出せないということもあるだろう。

　このような形で、どのようにノートを取れば自分にとって意味のあるものになるかと考えてもらっている。そして、グループワークの最後に、「今日学んだことを3点にまとめるとどうなるだろうか」とか「今日の内容で、自分にとって学びの多かった問題はどれだろうか」と尋ねることでグループ内での「まとめ」がしやすくなるし、一人ひとりがノートにまとめる際の練習にもなる。

　メタ認知を必要とする、極めて高度な振り返りとなる「ノートにまとめる」という行為だが、それを苦手としている生徒ももちろんいる。そんなときは、グループワークの際に出すヒントのように、より多くのプロンプト（声かけ）が必要になる場合もある。どの数学用語を知らないのか、どの問題が自分にとっては簡単で、どの問題が難しかったのか、難しい問題のどの部分に気付きが多いのか、逆に忘れてしまうような内容なのか——このようなことをそれぞれが考えながらつくっていけば、自分だけのノートができ上がっていく。

　このようなノートをつくるためにも、グループワーク内で出てきた解答は、たとえグループワークが終わったとしても最後まで残してもらっている。そうすれば、記憶だけでなく、ホワイトボード上のアイデアを見ながら生徒自身のノートがつくれ

るということだ。

　中学生くらいになればこのようなノートの取り方ができるが、小学生だとどうだろうか。より多くのプロンプト（声かけ）を必要とするかもしれないし、もしかすると、高学年であればまとめる力がついてきているかもしれない。

　また、最初のうちは、グループワークで取り組んだ問題と同じか、似たような問題をワークシートとしてつくり、その解答例をノート代わりにすることができるかもしれない。もしくは、生徒がよく犯しがちな誤答を載せたワークシートを訂正するといった形でノートにすることもできるだろう。

　この点については、読者のみなさんが普段されている実践を知りたいところである。とにかく、ただ手を動かすという板書を写す行為だけは避けたい。より考えること、生徒一人ひとりにとって意味のあるものになることが大事だと思っている。

「答えのない教室」が与える影響

「答えのない教室」が生徒にどのような影響を与えるのかについてこれまで話してきたわけだが、ここでは、教師にとってどのような意味があるのかについて考えてみたい。

　先にも述べたが、立てかけられたホワイトボードに向かって生徒が問題に取り組む様子を見ていると、これまでには考えられなかったような情報量が教師に入ってくる。座った状態では、どれくらい理解しているか、本当に問題に取り組んでいるのかがまったくと言っていいほど分からなかったが、３人ずつのグ

ループが立って取り組むと、生徒の理解度が明らかになるのだ。

　言葉を換えれば、授業の最初や最後に行う小テストでしか分からなかった情報が、授業中の瞬間、瞬間に入ってくるということだ。非常にワクワクすると同時に、ひょっとすると圧倒されるほどかもしれない。

　また、前述した「授業が遅れるのではないか」（99ページ）という疑問に対するもう一つの利点、それはライブ感豊かな授業風景である。なぜなら、「答えのない教室」を導入してから小テストを出す必要性が減ったという事実があるからだ。

　小テストをはじめとして、学びの途中で理解度を測るという行為をほぼ必要としなくなった。小テストをする場合でも、私が書く解答をプロジェクター越しに生徒が見て、自分の解答・理解がどの程度のものであるかを確認するためのツールとして使っている。つまり、成績に加味されることはなく、あくまでも理解度を測るフォーマティブ（形成的評価）なものでしかないということだ。

　こうすれば、生徒にとっても意味のあるものとなるし、教師にとっても効率的となる。もちろん、フィードバックが必要な生徒に対しては、グループワーク内でも伝えるし、小テストをする場合でも口頭で伝えている。

　もう一つ「答えのない教室」の利点を挙げるとすると、教師の苦手意識の克服と、それに伴う数学を楽しむという姿勢の醸成である。

　私の小学校時代の恩師、高井邦彰先生が勤める加西市立富田小学校（兵庫県・吉田香代子校長）で研修をさせていただいた

ときのことだが、教師のみなさんに、準備運動として第2章で紹介した問題を3人ずつのグループになって解いてもらった。そのあとに書いてもらった感想を読んでいただければ、ここで述べていることの意味が分かると思う。

　　普段はいかに子どもたちに分かりやすく理解させるかという脳を使っていますが、久しぶりに自分の問題解決脳を活性化させた気がします。私は算数が苦手ですが、少人数での対話的問題解決は、気軽にリラックスしてできるし、対話をしていくうちに問題の意味や解き方のメカニズムが分かってきたような気がします。

　　子どもたちにもさせてみたくなりました。ホワイトボードも、算数科だけでなく、さまざまな教科や場面で使えそうですね。（安富あゆみ）

富田小学校の教師が「答えのない教室」に取り組んだ

　実際に頭と体を使い、「答えのない教室」を体験することで、一方的な学びではなく、主体的に学ぶ面白さと大切さを痛感しました。特に、梅木先生がおっしゃられていた課題を作成するときのポイント、「今日の学習で学んだことを生かして、少し難しい問題までを設定する」が、ちょっと難しいけれど、挑戦してみようという子どもたちの意欲につながると思いました。（世登愛子）

　生徒の考える姿勢を通して、算数や数学に対する教師の姿勢も変化したようだ。思いもしないような解答や説明を生徒から聞くなかで教師自身の学びも深まり、数学という学問に対する向き合い方も変わっていく。

　どうすれば生徒が考えやすくなり、理解を深めることができるのかと考えながら毎日のように問題をつくることは、教師にとっても楽しいだけでなく、生徒と並走するなかで生まれる学びから「教える」ことへのやりがいが生み出されていく。生徒と教師、生徒同士の間で生まれる化学反応が、日々の授業を見違えるように変えていくことになる。

　本章の締めくくりとして、準備運動として使える問題を一つ紹介したい。出所不明だが、ロジックや確率の問題につながるものである。オンライン上では、「プリンセスと17の部屋（A princess and 17 rooms）」としてよく知られている。前掲したリリヤドール教授が、シンガポールのとある大学教授から聞いた問題を、誰にでも取り組めるようにアレンジしたものである。

「プリンセスと17の部屋」——準備運動4

　ある日、奇抜な女性がホテルにやって来た。そして、何を思ったか、三つの部屋を予約した。チェックインをするとき、ホテルの責任者に対して次のように言った。

「もし、私に用があるなら、私は前日にいた部屋の隣の部屋にいるわ」

　彼女の言ったことを深く考えなかった責任者だが、翌日になって、彼女のクレジットカードの支払いが却下されていることに気付いた。

　責任者はとても忙しい。1日に一部屋しかノックする時間はない。彼女を確実に見つけるためには、どのドアをノックするべきだろうか？　また、何日かかるだろうか？

　さらに、もし彼女が4部屋を予約していたらどうなるだろうか、5部屋だとどうなるか、そして17部屋だとどうなるだろうか。

　この問題は、どのドアをノックすることで確実に女性を見つけられるかを考えるものである。問題自体に特別な数学的知識は必要とされない。どのように解釈して、どのように捉えるかによって解法が見つかっていくという問題である。

　小学生でも、高学年であれば取り組めるだろう。中高生になれば、解法の一般化を促し、なぜ一般的な解法が成立するのかついての説明を求めることもできる。暗中模索のなか、ぜひ見えてくる光明を楽しんでいただきたい。

ヒント

　この問題は、私自身も非常に苦労した。三つの部屋を書いて、もし前日に左端の部屋に泊まっていたなら、真ん中の部屋にいることになるなーと考えることから解法へと向かうことになる。

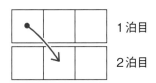

　もし、前日に真ん中の部屋にいたなら、右か左隣りの部屋にいることになる。前日が左端なら、真ん中の部屋にいることになる。では、どの扉を開くのがより効率的だろうか。このような思考の連続をすれば、どの部屋に女性が泊っていたとしても、確実に○○日目には彼女を見つけることができるという結果になる。

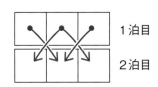

　実のところ、３部屋を予約している場合、４部屋を予約している場合、５部屋を予約している場合は解けたが、一般化することに非常に苦心した。解けたときも、それが最短の日数なのかどうかについても考えてみた。

　彼女が○○の部屋にいたら、この部屋を次の日に開ければ見つけられると考えたところで、そこに潜むパターンを見つけることはなかなかできないだろう。あえてヒントを出すなら、偶数と奇数のドアに分けて考えれば何かが見えてくるかもしれない、となる。もしくは、解法の対称性に気付くだろう。

　本章の内容を踏まえて、次の質問に答えてもらいたい。そして、ここで紹介された内容を読者自身の実践に生かしてもらえればうれしい。

リフレクションタイム

・どんなことに気付きましたか？
・どの部分が気に入りましたか？
・本章の内容で、普段の授業に取り入れようと思うことはありましたか？
・本章の内容で、うまくいかないと思われる内容はありましたか？
・なぜ、そう思われますか？
・どのようにすれば、うまくいかない部分が解消できると思いますか？
・「答えのない教室」について、本章で紹介された内容以外で質問はありますか？　それは、どのようなものですか？

第 5 章

「答えのない教室」
に関するインタビュー

協調性と
主体性 UP!

Facebook 上には、「Building Thinking Classrooms」という、主に北米において5万人以上の教師が加入しているグループがある（Building Thinking Classrooms　https://www.facebook.com/groups/455440685507589/）。そこには、小学校から高校までの教師が、リリヤドール教授の書かれた『*Building Thinking Classroom in Mathematics*（数学における考える教室のつくり方)』（13ページ参照）を読んで、そこから生まれる質問や苦労、そして成功体験に至るまでがシェアされている。まさに、サポートグループがオンライン上にできているわけである。

　そこで、「答えのない教室」をすでに実践されている世界中の教師に対してインタビューをすることにした。本章では、その内容を紹介したい。トップバッターは、教職経験が数年というオーストラリアの教師、ティファニー・ニッシュさんである。

ティファニー・ニッシュさん

質問　どちらで教えていますか？　また、どの学年を教えていますか？

ニッシュ　オーストラリアのメルボルン郊外にある「セカンダリースクール」で、グレイド7から9（中学1年〜中学3年相当）までを教えています。専門教科は数学と科学です。

質問　どのようにして「答えのない教室」に出合いましたか？

ニッシュ　私は教師になってからまだ5年弱です。今勤めている学校で、数学教育の限界を感じていました。実際、オーストラリアにおける全国学力調査では、数学においてうちの学校は

過去6年間スコアが下がり続けていました。もちろん、新型コロナの影響も考えられますが、コロナ禍前からスコアは下がりはじめていたのです。どうすればより多くの生徒に、もっと面白くて意味のある数学を届けられるのか、そんなことばかりを考えていました。

　そんなとき、インスタグラムでフォローしている教育関係者が『数学における考える教室のつくり方』という本について話している様子を見たのです。早速、購入して読んでみると、頷くことばかりだったのです。その日から、少しずつですが、「14のステップ」（xページ参照）のなかでできるものをクラスで実践しています。

質問　生徒や保護者からはどのような反応がありましたか？

ニッシュ　生徒はすごく楽しんでいるようでした。やはり、立った状態で動き回れるということが生徒にとってはうれしいようで、家に帰って、「数学の授業が一番好きだ」と話す生徒が多かったです。普段はそんな言葉を聞かないため、保護者も大変気に入っている様子でした。

　一つ、変えたところがあります。リリヤドール教授が書かれているように、毎日ランダムな3人ずつのグループで

ティファニー・ニッシュ氏（写真提供：ご本人）

114

は実践しなかったことです。ある自閉症の生徒の場合、一定の生徒とはうまくグループワークができないことがあったからです。また、学力の低い生徒ばかりのグループができてしまうと集中できないということもありました。

このような課題があったので、私のクラスでは学力の高い生徒一人、中ぐらいの生徒一人、低い生徒一人という3人グループを意図的につくりました。そうしたことで、学力の高い生徒がほかの生徒に教えたり、説明するようになり、みんなが授業に集中して学びを深めていきました。

言うまでもなく、学力の低い生徒はほかの2人からサポートをしてもらいました。彼らに説明してもらうことで、より伝わるといったシーンがしばしば見かけられました。

このように、どの学力の生徒も自分のやることを理解して、ただ教師が来るのを待つだけという以前のような授業スタイルがなくなりました。私にとっても、大変喜ばしいことでした。

ニッシュ氏の授業風景（写真提供：ご本人）

質問　同僚や管理職の反応はどうでしたか？

ニッシュ　私の同僚も、とても興味をもってくれました。たくさんの質問をしてくれて、同僚が受け持っている教育実習生にまで、私のクラスを見に行くようにとすすめてくれました。たくさんの注目を浴びたわけですが、先生方に話していくと、同じようなことをよく言われました。

「かなり、やること増えそうだね」と。

　また、すでにでき上がっているクラスの状態を大きく変えることの難しさ、そしてクラス管理や教える責任を果たせそうにない、といったことも挙げられていました。

　つまり、一般的な「教師が解く→部分的に生徒と一緒に解く→最後に生徒が解く」という流れである「I Do, We Do, You Do メソッド」では、「私は解き方を見せましたよ」という形で責任を果たしたことになります。一度責任を果たせば、生徒が理解していようがいまいが、教師が教える責任について責められることはないのです。

　しかし、「答えのない教室」では、教師がクラス内を歩き回って各グループをチェックしているとはいえ、コントロールや学ぶ責任は生徒に任せられている部分が多くなります。つまり、生徒同士がお互いの学びに貢献して、学び合って、フィードバックをし合うというスタイルを信じる必要があるわけです。

　当然、なかには、学びに貢献しない生徒もいますので、うまく機能しないと授業中に何もしていないことになります。そういった意味では、「I Do, We Do, You Do メソッド」とは大きく違い、「とりあえず全部教えましたよ」とは言いにくいとこ

ろがあり、「教える責任を果たしているのか」と問われること
もあります。

とはいえ管理職は、多くの生徒が集中して楽しんでいるので、
全面的にサポートしてくれています。私が勤めている学校は、
とくに生徒の考えや認識を大切にしており、生徒が教え方や学
びを楽しんでいるかぎり、学科主任や管理職などからサポート
が得られるようになっています。

質問　日本の教師に対するアドバイスはありますか？

ニッシュ　日本の教師に伝えたいことは、あなた自身が正しい
と思うことを実践してほしいということです。そして同時に、
新しいことに挑戦する際には、少しくらい不安になってもいい
ということです。

授業計画を立てて、状況に合わせて変えるところは変えて、
やっていけばいいのです。一つのことができるようになってか
ら、少しずつ新しいことを足していけばいいのです。

私にしても、常に「答えのない教室」を100％実践している
わけではありません。言うまでもなく、常に可能ではないから
です。学年、学校、カリキュラムや評価など、それぞれの責任
があると思いますが、自分のできる範囲で、私、生徒、クラス
にとってよいと思えることをやっています。

◁ **筆者の感想** ▷

口コミのみで広がりを見せているリリヤドール教授の本は、
SNSの影響もあって、Facebookだけでも5万人を超える教育

関係者が実践をしている。私もそうだったが、ティファニーさんのように一方的な教え方に疑問をもっており、何かできないかと考えている教師が一定数いるからであろう。

　繰り返しとなるが、この本には「14のステップ」の各章に現状の問題点が書かれている。私もそれを読みながら、よく頷いたものである。そして、そこからどのような検証をもとにして現状の問題点を解消し、より考えやすい環境をつくっていくのかについても書かれている。これほど理論と実践が融合している本に今まで出合ったことがない。

　ティファニーさんが言われているように、「14のステップ」を初めからすべて実践できる人は多くないだろう。書かれていることは分かっても、自分のクラスではうまくいかないからといって、自分用にアレンジする教師がたくさんいる。

　ティファニーさんが述べているように、学力のバランスを考えてグループをつくるというのは興味深い。お互いの強みと弱みをふまえて支え合う。もちろんいいことだが、生徒はそのグループに配置された理由を察知するだろう。このあたりのことを考えたうえで、うまくできるのであればいいと思う。

　もしかすると、役割を自覚したために、完全に聞くだけになってしまうという生徒が現れるかもしれない。そうなると、考えるという行為ができなくなる。クラスの現状に合わせて変えていくことは大切だと思うが、何かを変えることで生徒やクラスにどのような変化が生まれるのかについて、常に配慮していく必要があるだろう。

　付け加えると、「教師の教える責任」という考え方は非常に

興味深かった。ただ解き方を見せるだけで、いったいどんな責任を果たしたことになるのだろうか。内容重視で、「分母の違う分数を足す」といったようなチェックボックスを一つずつ埋めていくような教育においては、もしかすると「教えた」ことになるのかもしれない。

　従来の内容重視というカリキュラムの癖が抜けきらないので、教えるという行為がいまだに「見せる行為」と同義語になっている場合がある。そのような環境の場合、生徒に委ねられた部分が多い「答えのない教室」のような教え方だと教師が見せる部分が少なくなり、見る人によっては「教えていない」となるようだ。

　コンピテンシー（コミュニケーション、コラボレーション、論理的思考などの能力）をベースにした学びが世界中で重要視されるなか、より主体的で、生徒主導の教育が「教える」という行為と同義語になることを願う。

キャシー・トバイアスさん

　2人目は、教師歴19年というキャシー・トバイアスさん。さすがベテラン、という回答を参考にしていただきたい。

質問　どちらで教えていますか？　また、どの学年を教えていますか？
トバイアス　アメリカのアイダホ州にある小学校で、主に小学4年生を教えています。来年からは、小学5年生を教える予定

となっています。小学校の教師なので、すべての教科を教えています。

質問 どのようにして「答えのない教室」に出合いましたか？

トバイアス コロナ禍が理由で使われなかった教員研修費を利用して、「算数のシンポジウム」と題して、月に1回集まる研修会が開催されました。その研修会には、毎回、多くの算数教育の専門家がゲストスピーカーとして来ていました。実際にリリヤドール教授がこの研修会に来ることはなかったんですが、彼らが口をそろえて教授の本と彼の研究結果について話すので、興味をそそられました。

研修会では、カリキュラムには則らない「準備運動」と呼ばれる「考えるタスク（Non-curricular thinking tasks）」がいくつも紹介され、教師たちがグループになって問題を解きました。

質問 どのようにして「答えのない教室」を導入していきましたか？

トバイアス 「答えのない教室」に取り組み出してから2年になりますが、最初の年は「考える木曜日（Thinking Thursdays）」と称して、誰でも取り組めて、それでいてレベルを上げられる「ローフ

キャシー・トバイアス氏（写真提供：ご本人）

ロア、ハイシーリングマスタスク（Low Floor, High Ceiling Math Tasks）」（第2章参考）のような、「カリキュラムに則らない準備運動（non-curricular thinking tasks）」を木曜日の30分だけ実践しました。もちろん、ランダムなグループを3人ずつつくって、ホワイトボードを使って実践していきました。

　2年目からは、「考える木曜日」を継続しながら、私が勤めている学区で採用されているカリキュラム（I Ready）に則り、「答えのない教室」のやり方を普段の授業で実践することにしました。1年目は情報過多のためどうしようかと考え込みましたが、時間とともに「答えのない教室」の各ステップに慣れ、各グループが俯瞰できるようになりました。

　その後、すべての質問に答えるだけではなく、どの質問にどのように答えればより生徒に考えてもらえるのか、そしてどのグループがサポートを必要としているのかという余裕が生まれてきました。また、各ステップを導入するなかで、リリヤドー

トバイアスさんの教室（写真提供：ご本人）

ル教授の本を読み直し、理解を深めていきました。

質問　生徒や保護者からはどのような反応がありましたか？

トバイアス　受け持ったのは4年生と5年生がミックスされた クラスでしたが、学年の壁を越えて、毎週出す問題にのめり込 みました。普段の授業では遅れを感じているような生徒も、私 の出した問題に対しては、グループ内で解決の糸口になるよう な意見を述べていました。単純な公式や解法がない問題ばかり なので、全員が参加できる機会となりました。

　毎週、このような問題を繰り返していると、彼らは「考える 木曜日」を心待ちにするようになりました。1年の最後の日と いえば、映画を観たり、外で遊んだりするというのが一般的で すが、生徒たちは「考える木曜日のような問題をしたい」と言 い、「もっと時間がほしい」と言うほどでした。要するに、最 後の日に算数の授業をしていたわけです。私自身、大変驚きま した！

　2年目に入って、普段の授業に取り入れるなかで気付いたこ とは、今まで算数で躓いていた生徒が、グループ内のほかの生 徒に対して、「この部分が分からないんだ。説明してくれない か」とか「この解き方とこの解き方の違いを説明してくれない か」といったような発言をしていたことです。

　とくに算数を得意とする生徒は、グループ間での解答の違い に気付いたり、ほかの単元とのつながりを見つけたりと、メタ 認知に富んだ発見をしていました。

　1年の最後にアンケートを取りましたが、ギフテッド認定を 受けている生徒が次のように述べています。

「算数の授業で退屈じゃなかったのは、学校生活で初めてだった！」

どのレベルの生徒も参加できるという「答えのない教室」、素晴らしいのひと言です。

保護者に対しては、より理解をしてもらうために「考える木曜日」の写真を撮って、授業の様子を伝えるように努力しました。また、カリキュラム（I Ready）のテスト診断では、それぞれの生徒の成長率と単元のマスター度合いを測るわけですが、100%の生徒が成長し、90%の生徒が学習ゴールに到達していました。アイダホ州の共通テストにおいてもスコアが伸びていましたので、保護者も大変喜んでいました。

質問　同僚や管理職の反応はどうでしたか？

トバイアス　今勤めている学校の校長のご主人が算数教師をサポートするコーチングを学区内で行っていることもあり、毎月、「算数シンポジウム」に参加していました。その影響もあってか、校長は最初から「答えのない教室」に協力的でした。

シンポジウムが終わってから、私が中心となってブッククラブ（読書会）をすることになりました。学区内にいる算数教育のディレクターに協力してもらい、スタッフ全員分の本を買ってもらいました。そして、校長に協力してもらい、このブッククラブに参加するとクレジット（単位）がもらえるようにもしました。アメリカには免許更新制度があって、５年ごとに６クレジットを取らないといけないことになっています。

このような協力もあって、一人の教師を除いてすべての教師が参加してくれ、現在では、８割ほどの教師がグループワーク

やホワイトボードを使って授業を行っています。

質問 算数以外の教科にも「答えのない教室」を採用しましたか？

トバイアス この2年間で「答えのない教室」に慣れてきたこともあり、国語や理科の時間で応用してみたいと思っています。とくに国語の時間、語彙を学ぶときやリーディングの時間において、要約するときや比較対象するときなどにおいてグループで話し合おうと思っています。

　そのほか、歴史の時間でもやろうと思っています。たとえば、歴史上の出来事を使って、この人はこんなことを言って、別の人はこんなことを言っている。誰が正しいと思う、なぜそう思うのか、といったような比較対象を行おうかと考えています。教師の創造力にもよるでしょうが、使える部分はたくさんあると思います。

質問 日本の教師に対するアドバイスはありますか？

トバイアス やはり、できるところからはじめることをおすすめします。私の場合は「考える木曜日」と題して、30〜40分、週に1回という形でスタートしました。

　カリキュラムに則らない面白い問題は、リリヤドール教授の本を参考にして、ほかのリソースをどんどん見つけました。ちなみに、Facebook のグループ内でもたくさんのリソースがシェアされています。

　とはいえ、やはりできるところから少しずつはじめていくほうがいいでしょう。やっていくなかで生徒の成長を目の当たりにし、「もっとやってみよう」という気持ちになると思います。

　以下が、カリキュラムには則らない準備運動として使えるタスク（Non-curricular thinking tasks）のリンク先です。英語ですが、自動翻訳機能などを使ってご覧になってください。

学年ごとに、小学生から高校生まで使える良質な問題（リッチなタスク）が載っているもの

・Rich Tasks - Math For Love (https://mathforlove.com/lessons/rich-tasks/)

・Organized by Grade | MathPickle (https://mathpickle.com/organized-by-grade/)

・NRICH - Mathematics Resources for Teachers, Parents and Students to Enrich Learning (maths.org) (https://nrich.maths.org/frontpage)

・Open Middle - Challenging math problems worth solving (https://www.openmiddle.com/)

面白いパターンから式をつくるというアクテビティ

・Visual Patterns (https://www.visualpatterns.org/)

スタンフォード大学の数学教育で有名なボーラー教授が監督する YouCubed

・Tasks Archive - YouCubed (https://www.youcubed.org/tasks/)

◆ **筆者の感想**

　できるところから、少しずつ生徒とともに「答えのない教室」

への確信を深めていく様子が印象的であった。日本の教師と活動するなかでよく聞くフレーズとして、「個別最適な学び」と「協働的な学び」がある。キャシーさんのクラスでは、算数を苦手とする生徒と得意とする生徒が聞いたり説明するといった形で、すべての生徒が楽しめるようになっている。

　また、各グループのなかで、それぞれの生徒が必要な学びを獲得していく様子、それが協働的な学びだからこそ実現していることがインタビューでもうかがえた。まさに、日本が目指しているものが「ここにある」にように思える。

　ベテランの教師になればなるほど、今までの教え方を大きく変えることに抵抗があるだろう。教え方に対するプライドもそうだが、これまでに準備してきた教材もあるだろう。それを、週に1回の「考える木曜日」からはじめて徐々に変えていき、今年からは国語や歴史の授業でも採用するという意気込みには感服してしまう。私自身も、保守的にならず、常に学ぶ姿勢をもち続けたいと思ってしまった。

ピーター・ガスタイニスさん

　3人目は、私と同じく、バンクーバー学区で教えているピーター・ガスタイニスさんである。ご近所さんのことゆえ、さまざまな研究会・勉強会でもよく顔を合わせている。それだけに、インタビューをした際には少し照れくさい思いをしたが、2年前から「答えのない教室」を実践している教師だけに、興味深い回答がいただけた。

質問　どちらで教えていますか？　また、どの学年を教えていますか？

ガスタイニス　カナダのブリティッシュコロンビア州バンクーバー市の「セカンダリースクール」でグレイド8から12（中学2年〜高校3年に相当）を教えています。主な教科は数学と科学で、物理を専門に教えています。私自身の専門は理論物理学でした。大学院で修士号を修めてから教師になりました。

質問　どのようにして「答えのない教室」に出合いましたか？

ガスタイニス　2017年度の教育実習の折、担当教官だった教師を通して知りました。彼女は「答えのない教室」の研修を何度か受けたことがあるようで、ホワイトボードが教室中に置かれていて、グループワークも盛んに行われていました。

　しかし、彼女のやり方は「I Do, We Do, You Doメソッド」で、細かく教えたあとに、この典型的な教え方を利用して、生徒がノートで問題を解く部分だけをグループワークで行うというものでした。言ってみれば、「答えのない教室」の表面的な部分だけを使っているという感じでした。

　その時点ではあまりしっくりこなかったのですが、普段の授業においては私が話して

ピーター・ガスタイニス氏（写真提供：ご本人）

いるばかりで、生徒のやる気のない様子や集中力を欠いた様子を知っていたので、何かもっといい方法はないかと考えていました。

　そして数年後、コロナ禍となった夏休み、同僚であり、私が尊敬している教師からリリヤドール教授の本をいただきました。そこに書かれてある内容、研究結果、教授法はすべて納得のいくものばかりで、2021年度に自分のクラスで試してみました。

質問　どのようにして「答えのない教室」を導入していきましたか?

ガスタイニス　コロナ禍となり、生徒の人数制限もあったので、思い切って「答えのない教室」における「14のステップ」を初めからすべて試しました。その後、自分のクラスにどのように合わせるかを考えたり、どのように変えていけばいいのかなどを試しました。

　評価も含めての「答えのない教室」なので、それについて、何度もリリヤドール教授の本を読み直しました。すでに、4回ほど読了しています。

　今までの教え方では、教師としての「私」がどれだけうまく教えられるのかということばかりに焦点が合っていましたが、この教え方を取り入れたおかげで、どうすればより生徒が理解できるのかとか、どのように導けばよいのかということに焦点が定まるようになりました。「教師主体の教え方」から「生徒主体の教え方」へのシフトチェンジでした。

質問　生徒や保護者からはどのような反応がありましたか?

ガスタイニス　学科主任も含めて、私の勤めている学校では数

名の教師がすでに「答えのない教室」を実践していました。そのおかげもあって、質問や興味のある保護者から連絡がありましたが、クレームが入ることはありませんでした。

生徒からのクレームは、グレイド8や9（中2・中3相当）からはそれほどありませんでしたが、グレイド11とか12（高2・高3相当）では反対する声が結構ありました。とくに、これまでこのような教え方をされていない生徒や、学力の高い生徒が取るコースではなおさらでした。当然と言えば当然です。11年にわたって、教師が教え込む形で「成功してきた」生徒であるからです。

このようなクレームが出るたびに、できるかぎりの説明を生徒たちにしました。なぜこのような教え方をするのか、なぜグループで話し合うことが大切なのかについて根気よく説明し、少しずつ生徒の理解を得ていきました。

もちろん、講義形式が好きな生徒がいますので、授業中に理解できない生徒がいれば、単元ごとのキーワードを伝えて、YouTube やカーンアカデミー[1]などで調べてもらったり、本から学ぶことが好きな生徒がおれば、教科書やワークブックを渡して学びを深めてもらいました。

生徒が言う文句の一番は、「やることが多い」ということです。今までの授業は受動的に聞いているだけで終わっていたわけですから、当然のリアクションです。そんな彼らに、私は次のように言いました。

「ジムに行って運動をしたあと、まったく汗をかいてない、疲れていない、筋肉痛になっていないなら、君たちはその時間に

何をやったっていうんだい？　何もやってないことと一緒だよね。数学の時間が終わって、脳が疲れていない、頭を使ったなーと思わないなら、何も学んでいないということだよね。脳が汗をかくというのはいいことなんだよ。それだけ、学びがあったということなんだから」

質問　同僚や管理職の反応はどうでしたか？

ガスタイニス　先ほども言いましたように、数学の学科主任と数名の数学教師が「答えのない教室」を実践していますが、ほとんどの教師は今までどおり講義中心の教え方をしています。やはり、何十年も同じような教え方をしているため、授業形態を変えることに抵抗があるようです。

　とはいえ、少しずつですが理解は広がっています。2年前には、リリヤドール教授の本の読書会（ブッククラブ）もしました。また、学期始めには生徒が入れ替わるため[2]、ほとんどの教師が前学年の復習や面白い問題を復習代わりに使って生徒に解いてもらっていますので、「そのときだけでも準備運動のような問題をグループワークで試してみれば」と提案しています。

　実は、私の教室はちょうど学校の中心部分にあり、同僚の通り道となっています。ほかの数学のクラスでは、生徒がきれいに座って、静かにノートを取っている姿となるわけですが、私

---

(1) 2008年にサルマン・カーンにより設立された教育系非営利団体。YouTubeで短時間の講座を配信し、運営サイトにて練習問題や教育者向けのツールを提供している。これらは、世界中の誰でも無料で利用できる。

(2) カナダでは、学期初めにクラス変更ができる期間が数週間ある。この期間中に生徒は、自分の学力に合わないクラスがあればカウンセラーに相談して、クラス変更をしている。

のクラスは騒がしく、話し合いが絶えません。そんな様子に、驚きとともに興味を示してくれています。

とはいえ、まだ「やってみる」と言ってくれる教師は出てきていませんが、若い教師、とくに教育実習に来ている教師にはすすめています。今年度は、私も教育実習の担当をする予定となっているので楽しみです。

ついでに言うと、昨年度からは物理の授業にも取り入れています。自分としてはうまく取り入れられたと思っていますが、ほかの科学教師や生物や化学の教師に話すと、ピンとこない様子でした。やはり、教え込むことや空所を埋めるなどといった授業を行っているので、自分たちにはできないと思ったようです。

でも、諦めません。今年度からは、研修会の日に違う教科の教師をたくさん集めて、学校全体で準備運動のような問題を実際に解き、ほかの教科でも「答えのない教室」をベースにした

ガスタイニスさんの教室（写真提供：ご本人）

授業ができないかと協議することにしています。考えることがより自然になるこの教え方は、まちがいなくほかの教科でも使えると思います。たとえ毎日のように使わなくても、この教授法は生徒の学びを大きく変えるツールの一つになりえます。

　管理職は、新しい方法や生徒主体の取り組みに共感してくれています。何かをしてくれるということはないですが、一つ挙げると、ホワイトボードのマーカーを余分に買ってくれました。

質問　数学以外の教科で「答えのない教室」を採用した様子を教えてください。

ガスタイニス　前述したように、2022年9月からは物理の授業で採用しています。私の周りには数学以外の教科で「答えのない教室」を使っている教師がいなかったので、どうなるかと少し心配をしていました。幸い、同じ学区内に物理で「答えのない教室」を採用している教師が見つかり、その人から教材などを送ってもらいました。だから、すべてを初めからつくる必要はありませんでした。

「答えのない教室」で使っていたステップを、ほぼすべて物理の授業でも使うことができました。一つ問題点があるとすれば、物理の授業で出てくる定義、法則、公式のなかには、数学のように論理的に問題を解きながらも導き出すことが難しいものがあるということです。そのため、一般的な「答えのない教室」のように5分ほどのレッスンからではなく、物理の授業では少し長めのレッスン、時間にして10分から20分のレッスンを行ってからスタートしています。

　つまり、少し長めの説明をしないとグループワークができな

い日があったということです。もちろん、「今日は前回の続き
で、少し違うタイプの問題をするよ」といった感じで、最初の
レッスンを行わない日もありましたが。

　数学の授業と比べると、より多くのヒントを与えなければなら
ないと思います。なぜかというと、たくさんの法則や公式がある
なかで問題を与えるため、導く方向性をまちがうと、想像もでき
ないような脱線を生徒がしてしまうからです。それを修正する
必要があったため、数学の授業よりは多くのヒントを与えなけ
ればなりませんでした。

　とにかく、この教え方では「生徒」が主体となりますので、
導く側の教師の力量が試されることになります。

　そのほか、数学に比べると物理に詳しいという生徒が比較的
少ないため、解答が合っているのかどうかについてチェックが
しづらかったようです。つまり、数学では問題を解いた時点で、
今までの知識を利用して解答の正誤はチェックできたのですが、
物理においては一つの解き方しか知らない生徒が多く、チェッ
クのしようがなかったため、とくに学期始めには混乱する生徒
が多数いたということです。

　しかし、学期が終わるころには物理を多面的に見れるように
なっていたので、解答の正誤を自分たちでチェックできるよう
になっていました。

　そして、学年の終わりごろに、以下のような実験をプロジェ
クトとして提供しました。使うのは２ℓのペットボトルとプラ
スチックのチューブ、そして折り紙でつくったロケットです。

　２ℓのボトルとチューブで空気を送るシステムをつくり、足

でボトルを踏むことで空気をロケットに送り込みます。外で簡単なデモを行い、生徒にロケットが飛ぶ様子を見せました。

生徒には、「ストップウォッチ、メジャーとクロノメーター（傾斜、角度を測る道具）を使って、発射時のロケットのスピードと力（フォース）、そして高さの最大値を求めよ」という課題を出しました。答え方は自由ですが、学年を通して学んできた内容を駆使すれば、いくつかの解答を導き出すことができるんです。グループワークで話し合う内容を聞き、何を測り、どのように解答までつなげていくのか……。見ている私は、とても頼もしく感じました。

たとえば、ペットボトルからうまく空気を送ることができれば20メートル以上ロケットは飛ぶわけですが、その高さを直接測ることは不可能です。そんな場合はどうするのか。言うまでもなく、いろんな公式や法則を使えば答えを導き出すことができます。

このプロジェクトを通して、どのようなことを想定しているのかについても考えてもらいました。たとえば、空気圧を考慮するとこの問題はかなり難しくなってしまいますので、無視すること、そして重力加速度は必ずしも$9.8\,m/s^2$ではありませんが、9.8と想定して実験をすることなど、現実とモデルの違いについても考えてもらいました。

このような考え方は、「答えのない教室」をやるようになってから本当にやりやすくなりました。というのも、講義形式で教えていたときは整理された問題を順番に解いていくだけだったので、「想定」を考慮するという機会自体がなかったのです。

そういえば、整理つくされた現実離れした問題を、生徒は「物理のマジカルランド」と呼んでいました。一つ一つの問題の限界を知れたことは、彼らにとっても有益だったと思います。なぜなら、自然科学の問題は「想定との闘い」だからです。どこまで考慮して、どこを省くのか。省くことによって、想定下においてのみ使える公式や法則が表れてくるのです。

教師になって１年目のときも同じプロジェクトをしています。そのときは、言うまでもなく講義形式の教え方でした。プロジェクトの内容も同じです。各ステップを明確に書いて、何をどのようにして測り、実験し、どの公式を使えばできるのかについて詳しく説明していました。

何度も説明しましたが、生徒の半数は何をやっているのかまったく理解していませんでしたし、最後まで到達した生徒は２割程度でした。

今年の生徒にも同じプロジェクトをしましたが、伝えたのは、「使える道具」と「何を求めるのか」ということだけです。何をどのようにしなければいけないのかという点については一切説明せずに、グループで取り組んでもらいました。しかし、１年目の生徒とは比較にならないほど多くの生徒、８割ほどの生徒が最後までやりきったのです。

この結果は、ひとえに「答えのない教室」にあると思います。というのも、学期中を通して問題を観察し、分析し、解決していくといった学びを続けた生徒は、受動的な授業を受けている生徒よりも確実に力をつけていたからです。

質問　日本の教師に対するアドバイスはありますか？

ガスタイニス　二つ伝えたいことがあります。一つは、「答えのない教室」がうまくいかなかったとしても諦めないことです。初めて教室で実践する場合、読者のみなさんが想像しているようにうまくいかないでしょう。それでも、時間をかけてやってみてほしいです。

　少しくらいうまくいかなくてもいいんです。自らに寛容になって、時間と機会をご自分に与えてください。この学期はやり通してみよう、と決めることです。環境も、人それぞれだと思います。このような教え方が認識されていない環境だと辛いこともあるでしょうが、それでも実践してほしいです。

「答えのない教室」を現実にするためにもう一つ大事なことは、話し合える同僚を見つけることです。最低でも一人は見つけてください。たとえ授業がうまくいかない日があっても、仮に保護者から反対があったとしても、もう一人おれば励まし合うことができます。話し合うなかでアイデアが出てきますし、より良い方向に改善することが可能となります。

◁ **筆者の感想** ▷

　インタビュー後の感想は、生徒もさることながら教師までもが「答えのない教室」を通して開放的になっているということである。どうすれば生徒をより理解できる方向に導けるのか。考えれば考えるほど、日々のレッスンにも、グループワークで取り組む問題にも磨きがかかっていくようだ。

　ただ教え込むという講義をすることから生徒を導く「ファシ

リテーター」になること、「言うは易しで行うは難し」だ。毎日、アップデートすることが求められ、生徒の反応や質問をもとに、どこがよくて、どこを改善するべきかと毎日考えることにもなる。何十年にもわたって同じノートを使って、同じことを説明するといった方法に比べれば、確かにしんどいことだろう。だが、生徒と一緒に脳みそに汗をかけば、生徒の成長を感じられる。これほどやりがいのある授業はないだろう。

　私自身も、以前の教え方に比べれば授業中の疲労感は確かに大きい。第一に、授業中にずっと座ってタブレットに書き込み、それをプロジェクターに投影しているという授業から動き回るという状態になるわけだからまちがいなく疲れる。生徒も同じで、受動的に聞いている講義に比べてはるかに疲れる。

　でも、グループのメンバーとともに質問を出し合って理解をしていく。そして、学びを構築していくという達成感は、一度味わってしまうと「病みつきになる」と私は確信している。

学習塾の体験授業に参加したＹさん（県立高校の家庭科教師）

　2022年の夏、株式会社ジプロスが経営する学習塾の亀戸教室の一室を借りて、教育関係者に向けて「答えのない教室」の体験授業を開催した。そこに参加してくれたのがＹさんである。

　Ｙさんは、後日行われた京都市の大谷高校での授業にも見学に来られている。その後、家庭科の授業で「答えのない教室」を取り入れたという連絡をいただいたので、日本の教室における実践を知りたいと思ってインタビューをすることにした。言

うまでもなく、現場の教師から聞く話ほど日本における実践に示唆を与えるものはない。

質問　どのような授業で教えていますか？　また、教えている学年は？

Y　公立高校の1年生と2年生では「家庭総合」、3年生では「生活産業基礎」という科目を教えています。

質問　どのようにして「答えのない教室」に出合いましたか？

Y　元々、海外で働くことに興味があったので、SNSを使ってこれまで情報収集をしていましたが、そのとき、梅木さんのFacebookで「答えのない教室」の模擬授業の告知を見て、申し込みました。

質問　なぜ、やってみようと思いましたか？

Y　大学時代から、教師主導の一斉授業に疑問をもっていました。自ら進んで、より生徒が主体的に学べるオルタナティブ教育(3)を探していました。なかでも、「バズセッション」(4)と「プロジェクトアドベンチャー」(5)という教授法について学ぶ機会がありました。

　実際にクラスで「バズセッ

学習塾で開催された教育関係者向けの「答えのない教室」

ション」を使ってみたんですが、準進学校のような、ある程度
読み書きの能力がある生徒には機能しましたが、そうでない場
合はグループ内の心理的安全性を保つことが難しく、のちに勤
めた教育困難校では、活用するのは難しい、と感じました。

「プロジェクトアドベンチャー」も公立高校で試してみました
が、１クラス16人程度の、高校３年生の選択講座のようなクラ
スではよく機能しましたが、40人のクラスでは難しいことが分
かりました。そんななか、どうにかして１対40人のクラスでも
実践できるオルタナティブ教育はないかと探していました。

　たまたまSNSで見た告知をもとに、塾での模擬授業の実践
に参加しました。実際に体験してみて分かったことは、「答え
のない教室」は面白いということです！　能動的に考えられま
すし、動くし、頭を使うし、コミュニケーションも取るしと、
自分が求めていたものが満載でした。

　とくに「鍵」になると思ったのは「３人一組」です。今まで
のオルタナティブ教育では５〜６人一組や10人一組でしたが、
３人一組であることで、それぞれが能動的に参加せざるえない
状況をつくり出していると思いました。

　また、イレイザーやマーカーを各グループに一つ渡して、一
問解けるごとに次の人に渡すという状況も、やはり参加せざる
をえない状況をつくり出しており、能動的に考えることを可能
にしていると思いました。そして、立って行うことで自然と体
が動き、傍観者ではなくコミットしやすくなるとも思いました。

　実践している様子を振り返って、理想的な「答えのない教室」
は教師２人に生徒が20名から30名くらいだと思ったのですが、

教師1人に生徒40人のクラスでも使えるんじゃないかと考え、早速、私が行っている「家庭総合」の授業に取り入れました。

質問　どのように導入しましたか？

Y　「答えのない教室」をやってみたいという想いと以下の条件が重なって、公立高校での導入が可能になったと思っています。

①私が家庭科の主任であったこと。

②同僚が極めて優秀で柔軟であったこと。

③前任者の学科主任の尽力によって、元々、科の予算が多かったこと（調理実習などがコロナ禍においてできなかったため、その予算をホワイトボードなどに回すことができた）。

④時間になれば特別教室棟に生徒が来るスタイルだったので、ほかの教師を気にすることなく教室が使えた。

　これらの条件をもう少し掘り下げると、まず私が学科の主任

---

(3)　日本の公教育のように学校教育法で規定されていない教育法のことで、義務教育とは異なる。オルタナティブ（alternative）には、「もう一つの」という意味があるため、「第3の学校」「第3の選択肢の学校」と呼ばれることもある。これまでの伝統や主流とされてきたものとは異なり、子どもの自主性を尊重している。

(4)　（buzz session）小集団学習法の一種で、ミシガン大学のJ・フィリップスが創案した。6人ぐらいのグループに分かれ、寛いだ雰囲気で話し合いを進めながら問題の解決に近づこうとするもの。

(5)　（Project Adventure）冒険を活動の柱にして、個人の成長とグループ内の人間関係づくりを支援するという教育手法。全人的な人間教育を目指しており、現在では、アメリカを中心に、世界各地にこの手法の普及を目指している教育団体がある。

で、正規雇用が学科で一人だったために独断で決められたということです。学科主任でない人や学科に大勢の教師がいる場合は合意形成を図る必要がありますので、「答えのない教室」を導入するまでのステップが多くなるかもしれません。

先ほど挙げましたが、同僚にも恵まれました。大学院卒で、海外とのかかわりが深く、ICT化の流れにも柔軟に対応されるというバイタリティーにあふれた人でした。普段の授業から、伝統的な一斉授業によって思考停止をしてしまうという問題意識をもたれていて、柔軟で、生徒主体の授業をどうすればつくれるのかと日頃から考えていらっしゃいました。

このような人に出会ったのは、教員生活10年以上になる私でも初めてでした。この人だったからこそ、「答えのない教室」の導入が提案できましたし、快く受け入れてくれたと思っています。

そして、予算が比較的多かったことです。「ホワイトボードを何十枚か買ってほしい」という要望がすんなりと通る学校もあるでしょうが、経験的にはそうでない場合のほうが多いだけに、今回はラッキーでした。

カナダのように、時間になると生徒が集まってくる特別教室をもっていましたので、ネットで検索をして90センチ×120センチのホワイトボードを14枚ほど買いました。3人一組のグループを12、そして2人一組のグループを二つつくって40名の生徒で行いました。

梅木さんが提案しているように、部屋の壁四面に設置しようとしましたが、教室の造りが古いことや、歴代の教師が残して

いたものが山積みとなっていたので、とりあえず教室の前に置いて、必要なときに生徒がホワイトボードを持って移動するというスタイルにしました。

質問　具体的に、どのような形で授業をはじめましたか？

Y　まずは、2年生の「家庭総合」で導入しました。2年生は8クラスありますが、そのうち5クラスを受け持っていたので試しやすかったです。グループ分けは、「答えのない教室」で言われているとおりランダムにし、あるサイトのツールを使って行いました。夏休みに準備をして、2学期から本格的に導入しました。

　現在の勤務校は偏差値50くらいで、推薦で大学へ進学する生徒が多いこともあって、普段の授業態度は比較的いいほうだと思っています。部活動に力を入れていて、部活のために教師をやっているんじゃないかなと思われるような人がいる学校です。このような環境下ですから従順な生徒が多く、もう少し自分で考えて、自己主張をしてもいいのでは、と思う場面が多々見られました。もっとも、このような環境下だからこそ、「答えのない教室」の導入がスムーズにいったと思っています。

　「答えのない教室」を導入するにあたっては、生徒の心理的安全性に配慮して、以下のようなことを生徒に言いました。ちょっと長くなりますが、再現してみます。

　突然ですが、授業スタイルを変えます。私が前でしゃべって、パワーポイントを動かし、みなさんがそれを書き取っていくというやり方はあまり意味がないと考えているからです。

今のやり方は、情報の伝達がメインで、人間をパソコン化しているというか、情報をたくさんインプットして、それらをいかに素早く正確に取り出せるかという能力の育成に特化されています。

確かに、情報量が多いほうが生きるのに便利だし、可能性も広がるような気がしますが、思考力がない状態だと、実はあまり意味がありません。知識と思考は両輪です。また、高校で身につけたい力の一つが「批判的に物事を見る」という力ですが、一方通行の授業を受けていると、与えられた情報が正しいって思い込んでしまいやすいものです。

「常識」なんていうものは人の数だけあるし、教科書はあくまで参考書です。同じ出来事を扱っていたとしても、国によって書かれ方も違うのです。教科書をいかに批判的に読み解けるようになるかが高校の課題だと思っています。

今の時代、情報のインプットにものすごく力を入れる必要が人間にあるのかというと、そんなことはありませんよね。コンピュータの仕事ですよね。我々人間に求められているのは、考える力、AIを活用する力、どんな人とでもコミュニケーションがとれて、課題に取り組んでいく力かな、と思っています。そのため、3人一組のグループとします。なお、グループは固定しないで毎回変えるつもりでいます。

こういうスタイルの授業は、慣れるまでみなさんに負荷がかかりますので、「ちょっと厳しい」という人は相談に来てください。大切なのは、3人それぞれが安全であることです。

たとえば、3人中2人が仲良しで、普段どおりでいると、

残りの1人は疎外感を抱いてしまいます。みなさんはもう大人なのですから、この件に関しては気を遣ってください。自分は安全かな、自分以外の人は安全かなと、3人それぞれが常に考えていれば安全性は保たれるはずです。

　また、疲れているときは、バランスの悪い発言をしてしまいがちです。疲れているときは、無理に発言をする必要はありません。その場合、グループのメンバーに、「自分は今日疲れているので発言は控えたい」と言っておけば、お互いが安心してその場にいられると思います。

　素晴らしいイントロダクションである。日本にこのような教師がいることに驚いてしまった。Yさんのような教師が増えることを願っている。

質問　では、授業内容について具体的に教えてください。

Y　最初は、食生活の分野で取り入れました。この分野は化学と生物の知識を必要とするので、興味のある生徒と興味のない生徒がはっきりと分かれやすいです。理想を言えば、生活に関する課題を出して、それをどのように解決するかみたいなことができればと思っていますが、まずは試すところからということで、テレビのクイズ番組のような感じで導入しました。

　最低限知ってほしい知識についての問題を提起して、それをグループごとに話し合ってもらい、書いてもらい、みんなが見えるような位置にホワイトボードを設置して、答えを発表するというようなスタイルを15分ほど行いました。

クイズの内容は、授業の重要ポイントや最新の時事などを採用しました。たとえば、「未来のたんぱく質源として注目されている虫を答えてください。絵心を発揮してください」と言うと、みんなうれしそうにさまざまな虫を描いていました。ほかにも、「ゆで卵一つと納豆一パック、どちらのほうがたんぱく質の量は多いですか？」といった質問もしています。

2年生のクラスではワークシートを使いました。ワークシートは、個人でできる部分とグループでできる部分に分けて、グループワークはホワイトボードで取り組んでもらいました。また、資料集のほかにも、自分たちが持っているスマホなどを使ってもいいことにしました。

「自分たちが持っているデバイスを活用して、効率よく情報を共有できるといいね」といった声かけをすると、写真やTeams[6]を使って共有していました。

3年生の選択授業では、外部講師のオンライン講座のときに活用しました。この経験を通して、対面だけでなくオンライン上でも「答えのない教室」はできると思いました。

反省点を挙げると、今回は私自身が模索段階なので、授業の流れやワークシートの質などに課題があることです。というのも、質問の内容によって、グループワークの良し悪しがかなり明らかになったほか、8クラス中の3クラスくらいでは、スマホを使っていいと分かるや、男子生徒の2〜3人がゲームをはじめていました。

さらに、元々コミュニケーションが苦手な生徒には負荷が大きくなり、その生徒のいるチームは、毎回グループワークが機

能しないことにも気付きました。それ以外にも、グループワークにNGを出している生徒がいたので、その生徒がいるときはグループワークができませんでした。

質問　生徒や保護者からはどのような反応がありましたか？

Y　保護者からはとくに反応はありませんでした。生徒からは、「もっとやりたい」という声が多く聞かれました。そのほか、「一方通行の座学よりもこちらのほうが勉強になるし、頭に入る」と言われたり、一日中ずっと一方通行の授業だと苦しすぎるので、「ありがたい」という声が聞かれました。

　毎日、ランダムなグループをつくるという経験がこれまでなかったわけですが、実際にやってみて気付いたのは、普段活動しない生徒と一緒にグループワークをすることによって、安易に妥協せず、誰かに頼れなくなり、派閥のような呪縛がなくなり、気が付くと心理的なハードルがなくなって仲良くなっているという事実です。これには驚きました。

質問　同僚や管理職の反応はどうでしたか？

Y　冒頭に述べましたように、優秀な同僚は、「やりやすいし、生徒も集中しているし、これからもやってみようと思う」と、前向きな反応を示してくれました。とくに、うちの学校では、同じクラスを50分×2で教えることになりますので、「ちょうどいい緩和になる」とも言っていました。

　管理職が授業を見に来たとき、3人一組でガヤガヤと楽しそうに話し合いながら授業が進んでいく様子を見て、「生徒が楽

──────────

(6) マイクロソフトが提供するツールで、チャットをベースにさまざまな機能が利用できる。

しんでいる。生徒は意外と話し合える。ここの学校の生徒たちにこういうことができるとは正直思わなかった」などと言っていました。

質問　日本の教師に対するアドバイスはありますか？

Y　1年生の入学時から「答えのない教室」が導入できるとさらによかったと思っています。2年生から導入しようとすると、「自分にはグループワークはできない」と自ら限界を決めつけてしまう生徒がいるので、制限が増えると感じました。また、教師1人に対して40人のクラスの場合、ある程度落ち着いたクラスであればいいですが、荒れているクラスや問題行動の多い生徒のクラスでは難しいと思いました。

　オンライン上で試したあとに思ったのは、生徒たちが対面でホワイトボードを使ってできるようになってから移行したほうがいいということです。まずは対面でのスタイルに慣れることで、それぞれのチームの機能性を高めたり、心理的安全性の確保ができると思います。

　Teams などのホワイトボード機能を使っても似たようなことはできますが、目が行き届かない部分があり、機能しないチームがそのままになってしまったり、心理的安全性が担保できないグループワークになってしまうという恐れがあると感じました。

　とはいえ、やってみる価値は十分にあります。ぜひ、生徒の目の輝きや、教師としての楽しさを経験していただければと思います。乗り越えなければならないさまざまな壁があると思いますが、ぜひチャレンジしてください。

◇ **筆者の感想**

　想像していた以上の、日本ならではの話をたくさん聞くことができた。改めて思うのは、日本と英語圏における障害の違いである。予算の問題、自分の教室を持っているかいないかという環境、学科内における同調圧力、年長者や役職者に集中している権力、これらはどこの国においてもある問題だが、「個人の権利」という概念が極めて弱く、全体の秩序が重んじられる日本においては際立っているように思える。できない理由を挙げればきりがないと思うが、現実を知るという意味ではかなり有意義なインタビューとなった。

　話を聞いているなかで、「日本で必ず広げたい」と思う気付きがたくさんあった。まずは、意識の高い教師には違いが分かるということである。どこの国にも「○○メソッド」のような教授法はある。そのなかのいくつかのメソッドを見て、試してきたＹさんは、1対40人でできる、主体的で協働的で能動的なメソッドがないと感じていた。そんなときに「答えのない教室」を体験し、その特徴を知って、「これならできるかも」という感覚が芽生えたという。

　Ｙさんは経験が豊富で意識が高いからこそ、「答えのない教室」の本質をすぐに見抜かれて、理想とする課題設定などについても考えられた。とはいえ、生徒との感覚の乖離を考えられて、まずは簡単なクイズのような問題から取り組んでいる。できるところからやってみる——これは、インタビューしたほかの教師にも共通していることである。今置かれている状況下で

何が変えられるのか、スタートはそこからだと思う。

　やってみると、同じような問題設定でも生徒の反応は変わってくる。設問のコツは、やっていくなかでしか得られない。これについては第3章でも話したが、より多くのグループが脱線していると、その場で修正もできるし、次に生かすこともできる。

　同じような問題でも、生徒が楽しそうに集中できるものとそうでないものがあるので、この違いを経験してほしいし、なぜこのような違いが生まれるのかと、つくった問題を検証してほしい。このようなフィードバックは教師としてかなり刺激的だし、結構面白い。

　参加したくないという生徒は必ずいるものだ。また、グループワークと聞くと、固定観念が働き、今までのグループワークで苦い経験をしてきた生徒は拒絶するものだ。第4章でも述べたが、もし参加したくない理由が、理解不足や学力によるものであれば、授業前に少し時間をかけることで心理的な障壁は小さくなっていく（91ページ参照）。

　もし、過去の経験が理由で拒絶反応を示しているようなら、「あなたが思っているグループワークとはかなり違った経験になると思う。今日1日だけ試してみてくれないか？　授業後にどう思ったのか話そう。もし、やはり問題があるようであれば、何ができるのかを考えよう」などと話して、試してもらいたい。

　1週間もしたら「何ともなかった」と言う生徒をこれまでに何人も見てきたし、ほかのクラスの教師から「この生徒にグループワークができるとは……」と驚かれたこともある。

　言うまでもなく、私が凄いわけではない。「答えのない教室」の構造に「鍵」があるのだ。より考えやすくなるように研究され続けた15年以上の成果は、心理的安全性という部分においても担保されている。

　グループワークについて述べると、Ｙさんが話していたように、やはり機能しないグループが発生するものだ。10ぐらいのグループがあって、機能しないグループが１〜２くらいならサポートに入って声かけをすればなんとかなるが、機能していないグループが３を超え出すと、私の経験上、かなりてこずることになる。

　また、カナダでは１日に４限だが、日本の生徒が１日に６〜７限をこなすという事実には驚いたし、無理がないか、とも思った。そして、そのほとんどが一斉授業というのにも驚いてしまった。

　このような環境下に置かれた生徒にとっては、与えられた課題に関してグループで協力して話し合えるという機会は、私が想像している以上に輝いて見えるだろう。カナダでは、一斉授業を好む一部の学科（たとえば数学）を除いて、ほとんどが何かしらのグループワークを採用しているのでとりわけ珍しいものではない。それだけに、Ｙさんへのインタビューを通して新鮮さを感じてしまった。

　管理職の反応にも驚いた。「うちの生徒がこういう話し合いができるとは思わなかった」という発言には、違和感しかない。真意は分からないが、グループワークが建設的に機能するためには、ある一定の学力レベルや素養が必要になると思っていた

のかもしれない。もしかすると、管理職が理解しているグルー
プワークのやり方をもとにした感想ではないだろうか、と思っ
てしまった。

　もし、読者のみなさんにこのような感想が出てくるなら、騙
されたと思って「答えのない教室」を実践し、生徒の反応を確
かめていただきたい。

　そういえば、オンライン上で「答えのない教室」ができるの
かという話も出ていた。最近であれば、Zoom や Teams のミー
ティングで「ブレイクアウトルーム」というグループに生徒
を分けることができる。ホワイトボード機能をオンにすれば、
各グループ内で話し合っている内容を、画面上のホワイトボー
ドに書き込めるが、難点となるのは、各グループのホワイトボー
ドがほかのグループに見えないことである（ホストに当たる
教師には、一部始終が見える機能もあるようだが）。つまり、
対面でするような知識の共有（シナジー）が起こらないという
ことだ。

　これを解消する案としては、グーグルの「Jamboard」を推
奨したい。一度 Jamboard のリンクをシェアすれば、20枚のホ
ワイトボードまでがオンライン上につくれる。各グループがオ
ンライン上のホワイトボードを選んで、名前を書く。それぞれ
のグループの「場所」が決まれば、あとは対面の「答えのない
教室」と同じとなる。とはいえ、やはりこちらにも難点がある。

　ほかのグループがしていることは画面上部にある「〈1 /15〉」
という表示をクリックすれば見られるが、話している内容を聞
くことはできない。ホストの教師であっても、それぞれのブレ

イクアウトルームに入らないかぎり、話している内容は聞けないのだ。

　このような難点を考えると、やはり対面ほどの効果がないと思われる。Yさんが言われたとおり、まずは対面での「答えのない教室」に慣れてから考えていただきたい。本書で繰り返し述べてきたように、現在の日本の子どもにとって重要なことは、「考えること」と「コミュニケーション能力」であるからだ。

　インタビューを通して、想像していた以上の実践を行っている教師の存在を実感することができた。それだけに、「答えのない教室」は日本で実現可能であるという確信が深まった。そして、ほかのメソッドと比べても引けを取らず、その構造においても卓越した部分が見えてきた。

　少しずつ確実に、第2、第3のYさんが日本に出てくることを願っている。そのきっかけづくりを、私は続けていきたい。

＊　＊　＊　＊　＊

　本章では、4人の教師にインタビューをするという形でそれぞれの実践を紹介してきた。アメリカ、カナダ、オーストラリア以外の国でも「答えのない教室」は実践されている。リリヤドール教授の本は、すでに6か国語（デンマーク語、ノルウェー語、スウェーデン語、ポーランド語、トルコ語、中国語）に翻訳されており、そして、韓国語、ギリシャ語、ドイツ語、オランダ語、フランス語の翻訳が決まっているほか、スペイン語とアラビア語での翻訳出版の話が進んでいるという。

本章で紹介したように、それぞれの教師が本を読んでサポートグループをつくり、教え合っている。どうやら、自然な形で「答えのない教室」は広がりを見せているようだ。3人の外国人教師に共通していたことは、「どうなるかな？」という不安感を抱えた状態で挑戦し、生徒の生き生きした姿を目の当たりにして確信を深めていったという姿であった。

日々多忙ななか、読者のみなさんにも「答えのない教室」に対する不安はあると思う。でも、それはあなただけではない。まずやってみることで見えてくるものがある、と確信している。

本章の締めくくりとして、ここでも準備運動として使える問題を紹介したい。この問題は、本書の出版元である新評論の武市さんとの雑談において出てきた話を参考にしてつくってみた。

武市さん曰く、かつて小学校では、「鶴亀算」と言われるものが教えられていたという。鶴の足は2本、亀の足は4本。たとえば、鶴と亀で10匹がいる。足の数が全部で36本であった場合、鶴は何匹で、亀は何匹かというような問題である（この場合、鶴は2匹、亀は8匹となる）。

このような問題は、中学校の数学において「連立方程式」として扱われ、加減法や代入法を使って解いてしまうというのが一般的であった。そのような解き方を習う前の段階として「鶴亀算」が教えられていたという。

この問題の応用をやってみたいと思う。足し算さえできれば解ける問題なので、小学校の低学年からできる問題となる。

鶴亀算——準備運動 5

問題　鶴と亀の足が全部で12本だとすると、鶴と亀はそれぞれ何匹ずついることになるか？　ほかにも解答はあるか？　また、解答はいくつまでつくることができるか？　（鳥を数える単位は「羽」だが、ここでは便宜上「匹」とする）

　たとえば、鶴を 6 匹、亀を 0 匹とすれば足は12本になるし、逆に鶴を 0 匹、亀を 3 匹にしても足は12本になる。このように組み合わせを変えていくだけで12本の足となる。もちろん、鶴と亀の片方が 0 である必要はない。

　発展問題を考えるなら、足の数を多めにしてもいいだろう。たとえば、足の数が52本ならどうだろうか。また、足の数が何本である場合は問題として成立しないかと考えてみるのも楽しいだろう。

　ほかにも、仮に足の数が 3 本の動物が存在するとしよう。先ほどの問題の解答はどうなるだろうか。鶴と亀、そしてこの得体のしれない動物の足が全部で12本であるなら、それぞれの動物は何匹ずついることになるだろうか。また、すべての組み合わせを書き出せるだろうか。

　このような問題は不必要、と考える人もいるだろう。連立方程式をつくって解けば、自ずと答えが出てくるからだ。しかし、このように組み合わせをいくつも考えた末に、また解ける足の

本数と解けない足の本数を考えた末に解き方を習う場合と、ただ単に解き方を習う場合、どちらのほうがより解法に意味を見いだすことができるだろうか、と考えていただきたい。

　過去の数学者がさまざまな組み合わせを考え、数学で「遊んだ」ことで普遍化し、解法を導き出してきたように、生徒にも数学で「遊んでもらいたい」と思っている。

　これらのことをふまえて、以下の質問に答えていただきたい。

リフレクションタイム

・どんなことに気付きましたか？

・本章の内容でしっくりきた部分はどこですか？

・本章の内容で納得がいかない部分はどこですか？

・なぜ、そう思われますか？

・どのようにすれば、より納得できると思われますか？

・「答えのない教室」をほかの教科で使おうと思われますか？

・もしそう思うなら、どのように使いますか？

・鶴亀算を知っていましたか？

第6章

楽しい学校の授業は ダメですか？　（有澤和歌子）

　本章と次章では、共著者である有澤さんに語ってもらうことにする。私と有澤さんの関係については後述されているので、そちらを参照していただきたい。ひと言だけ述べておくと、有澤さんのおかげで、私は日本での特別授業ができたということである。今後、日本において「答えのない教室」を広めていくうえにおいて欠かせない人物である。

「算数の授業で、子どもたちがこんなに楽しそうなのを見たことがありません」

　2022年7月12日、とても暑い日だった。自宅から2時間ほどかかる神奈川県のとある公立小学校の正門で待ち合わせたのも失敗だった。電車を降りてから、海とは反対方向に歩く。本能的には、海に向かって歩きたかった。海辺で、涼やかな風を感じたいからだ。

　数人の仲間との待ち合わせに遅れないよう急いで歩いた。吹き出す汗でいっぱいの顔を、太陽が容赦なく照らしている。こんなにも暑いのに、なぜ私はここに来たんだろうかと思いながら学校に到着した。JR逗子駅からは4、5分の距離である。暑さのせいか、たった数分の距離がさらに遠く感じられた。

　私の自宅は横浜にあるのだが、海はまったくと言っていいほど近くにない。よく県外の人から、「ご自宅は海辺の観覧車の見えるところですか?」と聞かれるのだが、横浜市といっても広い。自宅から逗子までは小旅行のようなものとなる。せめて帰りは海を見たいな、と思いながら正門で仲間を待っていた。

　この日は、共著者である梅木さんが本書で紹介している「答

えのない教室」の特別授業を行うことになっていた。窓口となった教師に、「6年生の授業をさせていただきたい」とお願いしていた。しかし、梅木さんがカナダで教えている学校はセカンダリースクールで、日本で言うなら中高生が対象となる。それに、「小学生に授業をするのは初めて」と梅木さんは言っていた。「小学生でも絶対大丈夫だよ」と、少し不安げな梅木さんに発破をかけて、授業の予定を整えてきた。

　私には、どうしても小学校でこの授業を行いたいという理由があった。何をするにも遅すぎることはないという反面、できるなら「早いほうがよい」というものが多い。そして、子どもたちが日常的に考える行為を授業のなかでするためには、小学校の中高学年が最適であるとも考えていた。

　さらなる願いもあった。小学校の場合、一人の教師がほとんどすべての教科を教えている。そのため、算数にかぎらず、いずれかの教科でこの手法を取り入れることができたら、「答えのない教室」を使って日本の教育全体がサポートできる、と考えていたのだ。要するに、すべての小学校の教師に知ってもらうための実験でもあった。

　この小学校は明るさに満ちていた。到着したのは休み時間だったが、日差しの強さと同じくらいの笑い声が響いていた。校舎のなかに入る。広い廊下には、たくさんの展示物やつくりかけの図工作品が並べられていた。所々にある低い洗面台を見て、息子が小学校に通っていた10年前をつい思い出してしまった。

　教室に入って窓を開け放つと、涼しい風が吹き込んできた。

汗を拭きながら準備を開始する。今日行う授業に興味をもっている、教育関連企業で働く知人もサポートスタッフとして手伝いに来てくれている。私立の中高一貫校や高校の場合は自動販売機で飲み物を買えるが、ここは公立の小学校、飲み物が買えないことに気付いた。

「しまった！」と思ったとき、一人の教師がお茶とスポーツドリンクのペットボトルを持ってきてくれた。本当に助かった。汗の量だけ水分を取らないとまずい。何といっても、これからホワイトボードをグループの数だけ準備して、子どもたちの学びが最高になるように環境設定をしないといけないのだ。

　最終的には、4年生と6年生のクラスで授業を行っている。窓口になった教師が4年生の担任だったので、4年生でも授業を行った。生徒たちの反応を知ろうと教頭先生も見守っていた。

　最初に、担当の教師が梅木さんを紹介した。カナダで学校の教師をしているということで、すぐさま「わぁー」と盛り上が

梅木さんを紹介する教師

った。逗子市は外国人居住者も多いところで、片方の親が外国人という生徒もいるから決して外国人は珍しくない。しかし、日本人が外国で、英語で勉強を教えているというところに反応してくれた。ところが、今日は「算数の授業」ということを聞き、少しシーンとする場面もあった。どうも、算数を苦手としている生徒が多いようだ。

　人数分用意したトランプを一人ずつが引いていく。グループ分けの際に行ういつもの儀式である。普段とは違うグループのつくり方に、子どもたちがワクワクしている様子が手に取るように分かる。2クラスの合同授業だったこともあって、いつもと違ったグループができる。まるで、初めて飛行機に乗って座席に座ったような感覚に子どもたちが陥っている状態が十分に伝わってくる。

　梅木さんの説明が終わり、いよいよ算数の授業開始である。何やらクイズ大会のようで、3人一組でキャーキャー言いなが

問題を解き出した小学生

ら、ホワイトボードに答えを書き出していった。中高校生と違って、小学校の子どもたちに躊躇はない。

「梅木センセー、センセー、できたー」

「次の問題をちょうだい」

「これであってますかー」

　グループの数は12組ほどになり、カナダでの授業よりも多い。そのうえ、子どもたちは3人で解く算数の学び方が楽しいのか、梅木さんを呼びまくっている。1人で考えるより、3人で考えたほうが答えは早く出るし、楽しさが増大することに生徒たちも気付いた様子である。

　梅木さんはというと、大汗をかきながら教室内を走り回っている。同じ教室に私やサポートスタッフもいたが、生徒たちが梅木さんと話したい気持ちがよく分かるので、私たちは「梅木先生、呼ばれてますよー」と声をかけるだけにした。

　梅木さんの汗は、ほかの誰よりも多かったと思う。しかし、梅木さんの笑顔は、これまでのどの授業よりも素敵なものであった。

　あっという間の45分であった。チャイムが鳴り、授業が終わった。

　盛り上がる教室の光景を見ていた教頭先生から、「算数

走り回る梅木さん

の授業で、子どもたちがこんなに楽しそうなのを見たことがありません」という言葉をいただいたときは、「やったー！」と思った。私にとっても最高に嬉しい瞬間であった。

　その後、たまたまこの授業を見ていたPTAの役員をしている保護者から、「上の子がすぐ近くの公立中学校にいるのですが、中学校でもこの授業をやっていただけないでしょうか？」と声をかけられた。こんなにも楽しそうな子どもたちを見たら、我が子にも経験してほしいと思うのが親心だろう。残念ながら、梅木さんは数日後にカナダへ帰国する予定となっていたので、この中学校での授業は実現していない。

　グループによって進度が違うという授業は、生徒にとっても、参観している教師にとっても初めてだったのではないだろうか。さまざまな意味で余韻と疑問が残る授業を終えて、生徒と教師はどのような感覚を味わったのだろうか。私たちは2時限目と3時限目の授業を終えて、ホワイトボードを片づけてから学校を後にした。

カナダに住む数学教師の日本人からFacebook に突然の連絡

　このような授業を日本の数校で行ったのは2022年の夏である。どうして私が梅木さんと一緒に日本を行脚して、学校において算数・数学の授業をすることになったのかについて少しお話をしたい。

　2022年1月某日、カナダに住む「自称数学教師」の日本人男性からFacebookの友達申請が届いた。私は有名人でもないし、

学校の教師でも、大学の教員でもない。怪しげな友達申請が来るご時世でもあるので、「なぜ私に友達申請をするのか、その理由を教えてください」と返信をした。信頼に足る人でなかったら、私の Facebook の友達にも迷惑がかかってしまうからだ。

梅木さんからの返信は、「日本の教育関係者で面白そうなことをやっている人たちに声かけをしている」という内容であった。当時、私の会社では日本全国の小中高校に対して「オンライン授業（「Out of Box」サービス）」を行っており、世界に住む日本人に講師をお願いしていたので、「それならちょうどよいかも」と思って、彼とのやり取りをはじめることにした。

「Out of Box」サービスとは、日本から世界中に飛び出した日本人が講師となり、「なぜ日本を出たのか？」、「今は何をやっているのか？」、そして「日本の子どもたちにどうしても伝えたいこと」をオンラインで、リアルタイムに授業をするというものである。当然、時差がある。日本の、特に地方の公立学校の生徒たちに、「実は、世界は近いこと」、「大人の言う常識は世界では通用しないこと」、「選択肢は、自分が思っている以上にたくさんあること」に気付いてもらうという授業である。

さて、梅木さんと会話を重ねていくうちに、彼の人となりと「答えのない教室」への思いやその背景が分かってきた。箇条書きにすると次のようになる。

　・兵庫県の出身で、高校時代に積極的不登校を経験し、大学へ進学しないでカナダに渡った。
　・苦労して仕事と大学生活を両立し、カナダで数学の教員になった。

・教師をしながら大学院で学び、そこで『*Building Thinking Classroom in Mathematics*』著者であるピーター・リリヤドール教授に学び、彼の考えや行動に賛同した。
・リリヤドール教授が提唱する教え方は、数学だけではなく、世界中の賛同者がほかの教科でも活用している。
・リリヤドール教授の授業はオンラインでもできるようになっている。
・日本の教育を変える一つのツールが「答えのない教室」であるため、日本で広めたいと真剣に思っている。
・双子の父親である（子育て中の人に私は弱い。どうしてもサポートしたくなる）。

　たくさんの教育関係者にFacebookの友達申請をしたことだろうが、ほかの人たちとどのような活動をしているのかについて、私はまったく知らない。私自身が「日本の公教育を変えていかないと、日本の未来＝子どもたちの将来がさらに縮小する」と焦っていたので、彼と一緒に行動することに躊躇はなかった。だから、梅木さんが日本の学校で授業ができるように私がアレンジをして、一緒に日本中の学校を回ることにした。

　そして、2022年の夏、梅木さんの勤務する学校が休みで、日本では夏休みがはじまる前、小学校から大学、塾も含めた教育現場で、子どもたちに「答えのない教室」の授業が実施できるように調整を行った。今思えば、「お節介なだけ」という気もするが、性分だから仕方がない。少なくとも私は、この出会いはラッキーであったと思っている。

後日、「有澤さんから『友達申請の理由を教えてください』というメッセージが届いたとき、実はビビりましたよ」と梅木さんが言っていたが、こんな会話ができることからも、梅木さんにとってもまんざら悪い出会いではなかっただろう。

カナダの数学教師が連絡をしてきた私とはナニモノか

前述したように、私の会社では日本全国の小中高校に対してオンライン授業を行っている。僭越ながら私も、さまざまな授業や講演を行っている。その際、誰もが「透明の箱」の中にいて、その箱の存在に気付いていないという話をしている。もちろん、私自身もそうであった。子どもたちが「透明の箱」の存在に気付いたなら、もっとたくさんの行動ができるようになり、選択肢が増えるのだ。

そんな話を、ここで少しさせていただく。

私が学校での授業や社員教育など、誰かを前にして話すときに必ずお話しするのが「透明の箱」についてである。「井の中

透明な箱

の蛙大海を知らず」とか「ガラスの天井」というように、「見えない壁」を表現する言葉がいくつかある。それらと似たようなものであるが、少し違う。

最初に紹介した二つは、どちらかというと、リアルに存在する事象に阻まれることを意味していると思われる。一方、「透明の箱」には、親や教師からのひと言からの思い込みによる呪縛だったり、「常識・当たり前・前例死守」といった、いわゆる精神的なブレーキが含まれる。

新聞やテレビのニュース・報道を安易に信じてきた日本人は、インターネットの情報を鵜呑みにしてしまうという場合が少なくない。ましてや、日本語ベースのニュース・情報しか見られない人が多い日本では、日本語で飛び込んでくるインターネットの記事や噂を正しい情報として思い込んでしまうという癖がある。そのうえ、疑問をもって調べるということに慣れていない。誰かに教えてもらえる情報だけを全体量として、それだけで判断を下しているケースが多いように思われる。

これら思い込み全体を、私は「透明の箱」と定義している。透明であるため箱そのものが見えないから、自分としては、いかなる制限もないところでさまざまな判断を下し、行動しているつもりになるわけだが、それぞれの事象を判断するためのデータが大きく偏っていたり、まったく足りないということを知らない状況での判断となるため、下した決定がまちがっていたり、ほかの選択肢に気付かないという状態に陥ってしまう。

それに、「見えない」ため「知らない」箱に入っていることに気付かない。子どもたちはもちろん、私たち大人も同じであ

る。そして、子どもの「透明の箱」の壁を厚く、狭くしているのは私たち大人である。

このことを実感している私は、誰かから何かを相談されるとき、とくに相手が若者であれば、「私の意見はこうだ。しかし、私の意見があっているかどうかは分からない。ほかの人にも相談してみるほうがよい」と答えている。もしかしたら、チャットGPTのほうが正しい答えを出してくれるかもしれない時代なのだ。

ところで、一人ひとりの市民・国民が日本の子どもたちの教育を変えることができる、と思っている大人は少ないだろう。私自身、10年前までそんなことはまったく思ってもいなかった。

私は、1963年に富山県射水市（旧小杉町）に生まれた。公務員の両親に育てられ、親の言うこと（自分にとって都合のよいところ）を鵜呑みにして、人生を選択してきた。3歳年下の弟がおり、小さいときには「姉弟の性格が逆だったらよかったのに」とよく言われていたほど、私は活発な子どもだった（当時は「男勝り」と言っていた）。

実は、私の幼少期が「答えのない教室」の推進に関係している。というのも、「大人からの呪縛＝透明の箱」から子どもたちが解き放たれる必要があるという経験をしたからだ。

私の場合、当時の「透明の箱」に入っていた社会の風潮は以下のようなものとなる。

・女子は男子より学歴が高いと婚期を逃すから、進学するなら短期大学がよい。

・就職したとしても、結婚したら退職するから、大卒よりも

短大卒のほうがよい。

・就職は安定が一番だから、教員や公務員、大企業がよい。

　こんなことを言われながら育った私は短期大学に進学し、その後に就職した大手通信企業において、「同じ仕事をしているのに、性別・学歴によって給料が違うだけでなく、昇進もしづらい」という洗礼を受けた。

　就職したときは、男女雇用機会均等法が社会に広がりつつある時代であった。大手通信企業に就職ができたのは、バブル崩壊直前の好景気による大量採用があったからである。私の実力ではなく、単なる運でしかない。

　当時、「総合職の男性」、「総合職の女性」、「一般職の女性」という3種類の社員がいたが、私は運のよいことに総合職の女性として採用された。「ワカちゃん（私）は制服を着なくていいから羨ましい」と、私の1年前に入社した大卒女子社員に言われたことを今でも覚えている。私は総合職、彼女は一般職での採用だったが、単純に、雇用機会均等法の施行時期だけが理由である。

　働きはじめてから間もなくして、人事担当者に「在籍中に大学を卒業したら大卒待遇になるのか」と確認したところ、「短大卒の待遇のままである」という回答を得たが、今後、転職する際に有利になると思って、夜間の大学に2年通って大卒の資格を得た。

　今思えば、出張でしか東京に行ったことがない、海外旅行にも行ったことのない両親の意見をなぜ鵜呑みにしてしまったの

かと、過去の自分に反省を促したくなる。

就職した大手通信企業で約25年間働いたあと、IT ベンチャー企業への転職を繰り返した。このときは、年収を上げるゲームが面白くてたまらないという生き方をしていた。結婚しており、子どもがいる女性を高待遇で受け入れてくれるという会社はベンチャー企業以外になかった。

現在、「Denmark 株式会社」という教育関係の会社を運営しているが、その前に働いていたのは日本人が設立したカンボジアの企業である。会社員生活の最後は外資系企業で働きたかったが、いかんせん英語力がなかった。そんなとき、前職の社長がカンボジアに設立した会社に入れてもらったのだ。

この企業はカンボジアのキリロム国立公園にあり、コンピュータサイエンスを英語で学ぶ工科大学を経営していた。私はというと、この大学を運営する企業の東京事務所の代表であった。つまり、この大学の広報活動を日本で行っていたわけである。

このような背景があったため、当時は多くの高校教師、高校生、保護者と話をする機会があった。カンボジアの工科大学はもとより、海外の大学への進学が若者の人生を大きく変えるという授業や話をたくさんの学校や教師・高校生・保護者に対して行っていたわけだが、このころに受けた多くのショックが、梅木さんとの全国行脚のモチベーションとなっている。

かつて、都内にあるトップ進学高校の進路指導教師から、「うちの高校は東大・京大に何人合格するか、が目標です。海外の大学という選択肢は生徒には不要です」という話を聞いたことがある（別の高校でも同じような回答があった）。学校として

の目標だというのは分かるが、そのような指導が子どもたちの「幸せ」に通じているのだろうかと思ってしまった。

　また、「生徒が海外の大学に行きたいと言ったときには、日本の大学に入学してから１年間交換留学に行けば海外経験は十分だよ」といった指導をしている教師にもたくさん出会っている。その理由を聞いてみたいと思って、次のような質問をした。

「先生は海外留学をされたことがあって、生徒に対してそのように伝えているのですか？」

「いやー、いろんな先生がそのように指導してきましたから、そう言ってるんです。多分、あっていると思いますよ」

　という回答であった。

　この答えには絶句するしかなかった。とはいえ、これらの教師を批判することはできない。これまでずっと、そのような考え方が伝承されてきたわけだから……。まさしく、「透明の箱」に入っている教師と言えるだろう。

　教師、生徒、保護者、すべての人が「みんなが言うから」という、論理的ではない「これまでの慣習」に従って進路や将来を決めているのだ。「竹槍でB29をやっつけろ、と言われたら従いますか？」と尋ねたくなるような状況である。

　前述した工科大学の東京事務所で仕事をしているとき、我が家の一人息子は中学３年生であった。周りの人から、「大学の付属高校に行ったら大学受験がないから楽だよ」と言われていたので、付属高校の説明会を息子と一緒に回ることにした。すると、息子が唐突にこんなことを言い出した。

「お母さん、学年が上がるごとに選択肢が増えるはずなのに、

なんで一つの大学にしか行けない高校を選ばないといけないの？　逆じゃないの？」

　私自身が「考えること」を忘れていた瞬間であった。日々の生活のなかで、いつの間にか、決められた、安全なレールを選ぼうとしていたことに気付いた。つまり、母親である私も世間一般の人と一緒だったのだ。

　結局、息子は日本の高校を1年で中退し、最終的には軽井沢にあるインターナショナルスクールを卒業している。そこでの学びが、まさに「考える授業」であり、「答えのない教室」であった。このような授業を「インターナショナルスクールに行っている生徒だけが経験できるのは不公平である」との思いから、梅木さんと一緒に、日本の学校で授業展開をスタートさせたわけである。

　現在、私が何をしているかと言うと、「答えのない教室」に一番近いインターナショナルスクールを日本全国につくりたいと思って、国内外を飛び回っている。

梅木さんとの話で「驚いた！」ことが 私の背中を押した

　さて、本題に話を戻そう。梅木さんのことをよく知らなかったころだが、彼との会話のなかで分かったことは、「世界中、学校の授業では生徒が考えることが少ない」、そして「日本の教育環境では、生徒はさらに考える時間が少ないし、そのタイミングもない」ということだった。

「考えることは楽しい、みんなと力を合わせて生み出すことは

嬉しいことだ」と言えるような授業経験は、私の周りを見わた
しても確かに少ない。ましてや、偏差値重視の日本の教育環境
においては、学校よりも塾で受験対策をするのが当たり前とい
う状況になっている。つまり、「答え」だけの飽くなき追求で
ある。

　このような状況では、授業中に楽しい時間、「学ぶことは楽
しいこと」と思えるような時間を子どもたちは過ごす機会があ
るのだろうかという疑問が浮かんでくる。しかし、梅木さんの
話を聞いていると、「答えのない教室」の授業を受けている子
どもたちはみんな楽しんでいるという。日本の教育環境しか知
らない私からすると、どうも信じられない。本当に子どもたち
は授業を楽しんでいるのだろうか。どうしても、自分の目で確
かめたくなった。

　善は急げ、これまでのオンライン授業の関係で付き合いのあ
る小学校、中学校、高校の教師に連絡をとり、「梅木さんが行
っている『答えのない教室』を実施してみないか」と相談をも
ちかけた。とくに、海外に住む日本人のオンライン授業（前述
参照）を実施した学校を中心に声かけをした。「普通の授業じ
ゃない授業」、「提案型の授業」を理解していただける教師でな
いと実現が難しい、と判断したからである。

　余談だが、私がオンライン授業の事業化を断念した理由は、
「決まったこと以外は授業に取り入れられない」という学校と
教育委員会が多いこと、公立学校には新しいことをする予算が
ないこと、そして、学校現場には無料でコンテンツを提供して
くるのが当たり前という風潮があること、などが原因である。

　また、これらの授業実施を調整する際、間に入ってくれた教師はとても強い意志をもって学校に掛け合ってくれたが、「うちの生徒を実験に使うつもりか！」と上司から拒絶されたということもあり、新しいことがなかなかできない若い教師の背景が垣間見えてきた。

　小さな実験、小さな失敗ができない教育現場において、「失敗を乗り越えながら子どもたちが成長する姿」が見られないという理由が分かったような気がした。

「えーー、今から何するの？」
——高校生の反応が面白かった

　名古屋市千種区にある市邨中学校高等学校での授業風景を紹介しよう。さまざまな伝手を辿って、2022年7月8日に「答えのない教室」を実施したときの様子である。

　日本の学校（一条校）[(1)]には、文部科学省が定める教育内容をきちんと生徒に施す義務がある。そのなかでも、私立学校は特徴のある授業を行い、今後の少子化を乗り越えていく必要がある。過去の伝統や現在の進学実績だけに頼るようでは、未来がないのだ。

　こちらの学校では、生徒の主体性を引き出し、多くの外部人材から影響を与えるという授業を行っていることを知っていたので、外部講師として授業をしていた知人に学校関係者への連絡をお願いした。ちなみに、梅木さんの数学授業だけでなく、私も「未来の語り場」というテーマで授業をさせていただいた。自由参加の授業で、日本中の「尖った大人」に講演してもらう

というプログラムである。

　私が行う授業は、大きく分けて二つのパターンがある。

　一つは、「しあわせって何？」というタイトルで、私が半年間のデンマーク留学で「驚いた」ことを伝え、それについてグループで日本との比較を話し合い、「日本の常識が世界では異なること」を考えながら理解するというものである。もう一つは、「世界を生きる舞台にするための『はじめの一歩』——鳥の目で自分の人生を考える」というタイトルで、世界中の面白い高校・大学を紹介し、未来への選択肢は世界中にあるということに気付いてもらうというものである。この日は、前者の授業を行った。

　私のことはともかく、話を「答えのない教室」に戻そう。

「答えのない教室」の授業に遅れて飛び込んできた女子高生が驚いた。教室に入るや否や、いつもと様子が異なっているのだ。いつもなら、みんなが決まった席について、教師の説明を聞き、理解したころを見計って演習問題を解くというスタイルなのだろう。ところが、この日は違っていた。しかし、遅れてきたから状況把握ができない。まあ、なんとかなるだろう……と思っていたのだろうが、なんともならなかった。

　授業開始後にあった「本日の先生の紹介」や「今日の授業の説明」は聞いていない。着席しようと思っても、全員が立っていて座る場所がない。クラスメイトは３人一組になって、ホワ

---

(1)　学校教育法（1947年法律第26号）の第１条に掲げられている教育施設の種類およびその教育施設の通称。

イトボードの前にマーカーペンを持ちながら立っている。今日の授業はいつもとは違う仲間でグループを組んで数学の問題を解かなければならないようだ、と感じた途端、彼女が叫んだ。

「えーー、今から何するの？　教えてーーー！」

教室内に笑いがあふれた。

たぶん、彼女の性格が素直だから、咄嗟にこんな発言をしたのだろう。私が思うに、遅れて入室した彼女は、きっと数学が苦手で、いつもなら時間が過ぎるのをただ待っているだけではないだろうか。いつもなら、40人ほどの1人でしかなく、そっとやり過ごすことができたのに、この日は3人のうちの1人である。そのうえ共同作業となると、ただ見ているわけにはいかない。参加しないとみんなに迷惑がかかってしまう、とも考えたことであろう。

いつもの数学の授業なら、考えない、もしくは考えているふりをしている人がたくさんいるのだろう。この日は彼女だけが目立ったわけだが、顔には出さず、彼女と同じような生徒がたくさんいたと思われる。

戸惑いつつも彼女は、指示されたとおり授業に参加し、いろいろと考えて、みんなと話し合いながら何とか答えを

市邨での授業

出そうと取り組みはじめた。

　声に出そうが出さまいが、普段の授業なら生徒の行動様式に変化はない。何割かの生徒が「もう分かった」と思い、何割かの生徒が「今は分かる必要がない」と考え、残りの生徒は「答えがあるのだから、あとで調べればよい」と思うことだろう。１クラス40人ほどの教室では、多くの生徒が「数学の問題は解ければよい」と考えている。

　しかし、この日の授業では、全員が授業に参加しなければならない。つまり、「サボル」わけにはいかないのだ。一部の生徒からすれば、迷惑このうえない環境である。

　授業が進むにつれ、教室全体が和やかな雰囲気に包まれていった。表情を見ていると楽しそうであり、それぞれが考え、グループ内で話し合いながら答えを見つけようとしている。まさしく、授業を楽しんでいる状態である。

　普段なら仲のよい友達と一緒にいるわけだが、この授業では、トランプを使ってのグループ分けとなっている。クラス内のダイバーシティ（多様性）を感じたことであろう。そして、いつもとは違う仲間との共同作業から、自らの役割についても違いを感じたことだろう。さらに、一人で考えて答えを出すよりも、複数人で考える共同作業のほうが効率はいいし、楽しいし、自分にも考えを述べられるチャンスがあると気付いたはずである。「答えのない教室」では、教科の学びだけでなく、このような共同作業・個人の役割をもつという「気付き」も与えてくれる。そして、１人より３人のほうが楽しく、答えが速く出せるということも。

教師が真剣に数学の問題を解く風景を見ながら

　別の日、かえつ有明高校（東京都江東区）での授業で面白いことがあった。生徒に交じって教師のグループが一つあり、生徒と同じく3人一組になって問題を解いていたのだ。当然のことながら、どの生徒チームよりも解答を出すのが速かった。

　3人の教師は、本当に真剣に、「あーでもない」、「こーでもない」と言いながら、ホワイトボードに数字を書き連ねていた。梅木さんに生徒を任せておけばよいのだから、まさに水を得た魚のような状況となり、本当にあふれんばかりの笑顔をしていた。こんな楽しげな教師の姿を授業中に見た生徒はいるだろうか。見ているこちらのほうが嬉しくなった。

　さらに、ここからも面白い。

　チャイムが鳴って授業が終了した。定期試験明けの日だったので、みんな早く帰りたいはずなのに、何人もの生徒が教室に残り、数学の問題を解き続けたのだ。1組や2組ではない。6時限目で、あとの授業がなかったことも影響しているのだろうが、梅木さんもそんな生徒を見て驚いていた。

生徒に交じって問題を解く教師

授業終了後も帰らない生徒たち

　当時、窓口となっていた青木孝史先生に理由を聞いたところ、「どんなときでも生徒が納得するまで問題に取り組めるように、教室のレイアウトや雰囲気、いつでもやりたいようにできる校風をつくっているから」ということであった。

　生徒と一緒に問題に取り組む教師と、チャイムが鳴っても問題を解き続ける生徒たち——今やりたいことに集中できる大人と子どもがいる学校って素敵だなーと思うのは、私だけではないだろう。

「答えのある教室」と「答えのない教室」の違いは何か——国際バカロレアって何？

　現在、文部科学省が推進している国際バカロレア（IB: International Baccalaureate）による学び方が、まさしく「考える」を主軸に置いた学びとなる。大量の知識を正確に覚えてアウトプットする時代から、自らが考え、問いに対する答えを

自力で、あるいは仲間と一緒に探し出していくというスタイルがその根底にある。

「文部科学省IB教育推進コンソーシアム」という組織があるので、そこに書かれているIBの説明を少し紹介しよう。

国際バカロレア（IB）について

国際バカロレア機構（本部ジュネーブ）が提供する国際的な教育プログラム。

国際バカロレア（IB：International Baccalaureate）は、1968年、チャレンジに満ちた総合的な教育プログラムとして、世界の複雑さを理解して、そのことに対処できる生徒を育成し、生徒に対し、未来へ責任ある行動をとるための態度とスキルを身に付けさせるとともに、国際的に通用する大学入学資格（国際バカロレア資格）を与え、大学進学へのルートを確保することを目的として設置されました。

現在、認定校に対する共通カリキュラムの作成や、世界共通の国際バカロレア試験、国際バカロレア資格の授与等を実施しています。

IBの使命（The IB mission）

「IBの使命」は以下のとおりであり、国際教育プログラムを推進し、発展させることの総体的な目的が示されています。「国際バカロレア（IB）は、多様な文化の理解と尊重の精神を通じて、より良い、より平和な世界を築くことに貢献する、探究心、知識、思いやりに富んだ若者の育成を目的とし

ています。

　この目的のため、IB は、学校や政府、国際機関と協力しながら、チャレンジに満ちた国際教育プログラムと厳格な評価の仕組みの開発に取り組んでいます。

　IB のプログラムは、世界各地で学ぶ児童生徒に、人がもつ違いを違いとして理解し、自分と異なる考えの人々にもそれぞれの正しさがあり得ると認めることのできる人として、積極的に、そして共感する心をもって生涯にわたって学び続けるよう働きかけています。

　このように IB プログラムでは、「国際的な視野」をより明確な言葉で定義づける試みと、実践を通じてその理想に近づこうとする努力を、IB 認定校の使命の中心として位置づけています。

IB プログラムについて

　グローバル化に対応できるスキルを身に付けた人材を育成するため、生徒の年齢に応じて以下の教育プログラムを提供。
　令和 4 年 5 月時点、世界159以上の国・地域、約5,500校において実施。（https://ibconsortium.mext.go.jp/ より）

　しかし、残念なことに、日本の小中高校ではインターナショナルスクールを含めても211校（2023年 6 月30日時点）しか IB の学びを実践していない。IB の学校運営にはお金がかかる。新規に IB を導入すれば、年間のコストが上がってしまうからだ。「のれん代」と毎年の教員トレーニング費用や生徒の世界

共通試験受験料が、コストの大まかなものとなる。もちろん、IB で教えられる専門教員の人件費も一般の教員よりは高い。

　公立であれば、これらは地方自治体の負担となり、生徒（家庭）の負担額は変わらないが、私立学校やインターナショナルスクールとなれば、家庭負担の増大でしか対応できない。英語で各教科の授業を行える教員を採用するだけでもコストアップとなるわけだが、IB 教育ができる教員となると、さらにコストは増加することになる。

　日本の一条学校で最初に IB 授業を採用した私立加藤学園（静岡県）の場合、英語で75％の授業をする暁秀高等学校の IBDP コースの年間授業料などは総額で972,000円となっている（別途、入学金は180,000円）。また、語学以外の授業をすべて英語で行っている私立玉川学園（東京都）の高等部 IBDP クラスは1,765,500円（別途、入学金は150,000円）と、どの家庭でも簡単に出る金額ではない。

　一方、日本語で IBDP を学んでいる私立武蔵野大学附属千代田高等学院（東京都）では、837,600円（別途、入学金は250,000円）となっている。一例として、アオバインターナショナルスクールの GIO（高校１年生）の学費を紹介すると2,985,000円（別途、入学金等は640,000円）となり、教育内容によって授業料がかなり違うことが分かる（各校の WEB ページ参照。2023年10月２日）。

　授業料の高い学校で学べば幸せになれるのか、あるいは優秀になれるのか、という話ではなく、授業料の高い学校では設備や集めている人材（教員だけでなく、世界への大学進学の知見

やネットワークのある人材）にコストがかかっていることは想像に難くない。文部科学省の号令で「IB教育は最高だ」というような風潮が日本国内に蔓延しているわけだが、その現実に疑問をもたない大人が多いということに私は危惧している。

　IBと並行して、世界標準の学びには「ケンブリッジ国際認定」という学びもある。世界の認定校としてはケンブリッジ認定校（世界で160か国、10,000校以上）のほうが多いわけだが、日本の教育関係者であってもその事実を知らない人が多いし、どちらも知らないという人が多い。保護者もぜひ、自分自身で考えて、「調べる」といったことをしてほしい。そうでないと、自分たちと同じ大人の再生産が繰り返されることになる。

　日本の学校は、小学校から高校・高専までを数えると34,958校ある（小学校19,738校、中学校10,222校、高等学校4,887校、中等教育学校54校、高等専門学校57校。「令和2年版文部科学統計要覧」より）。すべての学校がIBで学べる可能性はないと考えたとき、手っ取り早く子どもたちが考える楽しさ、共同作業をする大切さを体感するためには、「答えのない教室」という手法による授業を行うしかないと私は考えている。

　短慮軽率と言われるかもしれないが、数十年にわたって日本の教育は変わらないと多くの人が思っている現状をふまえると、「答えのない教室」に取り組むだけの意味は十分にあるだろう。

　振り返ってみると、何度となく教育改革が叫ばれてきた。しかし、それらがベストではなかったことは現状が証明している。一方では、生活様式がかなりの変化を遂げているのに……。「答えのある教室」がもっとも分かりやすい例となったわけだ

が、これまではプロセスを無視して「正解」だけを追い掛けてきた。「なぜ、そうなるのか」は考えず、「正解」の数が多ければ多いほど優秀とされてきた。そして、そのゴールが「就職」となる。

このような過去（現実）を踏襲することに長けている日本人は、正解を繰り返すことに価値（意義）を感じていたのかもしれない。私自身も含めて、黒電話が携帯電話に、そしてスマートフォンになった時点で、またレコード盤がCDを経由してSpotifyになった時点で、「考える」ということの重要性に気付く必要があったと思われる。

小学生のとき、私は漫才が大好きだった。当時、土曜日は半日授業で、走って自宅に帰ればお笑いの番組が見られた。それがとても楽しみだった。1970年代後半、春日三球・照代という夫婦漫才のコンビが、「地下鉄の電車はどこから入れたの？ それを考えてると一晩中寝られないの」というフレーズで一世を風靡した。少なくともこの時代、多くの日本人は「考える」という行為を楽しんでいたように思える。

今は、チャットGPTを質問責めにして、答えを短時間で求めるような風潮がある。「もっと分かりやすく教えて」と入力すれば、簡単な言葉で改めて答えが出てくる。ますます「考えない」時代がやって来たような気もするが、これも時代なのだろう。これまでとは違った「考え方」が求められているようにも思える。

いち早く「考える」ことの重要性を思い出し、「答えのない教室」で学びを強化してきた国は、今後も継続して社会経済成

長を遂げていくのではないかと考えるが、みなさんはどのように思われるだろうか。

子どもたちに学びが定着しやすい教育環境とは

日本の教育と欧米型教育の大きな違いといえば、生徒一人ひとりにきちんとフォーカスされているかどうかではないかと思う。仕事の関係で世界の学校を見学・視察しているが、とくにインターナショナルスクールでは、すべての子どもに平等な機会が与えられている。

つまり、リーダーは常に同じではなく、プロジェクトごとにリーダーを決め、すべての子どもが同じ経験ができるような仕組みとなっている。

さらに、「自分を表現する」とか「発表する」という機会が小さいときからあるせいか、いかにシャイな子どもでも、口数の少ない子どもでも、いざ発表する番になったときには、周りが驚くほどのプレゼンテーションをするという。言うまでもなく、習慣になっているからだ。日本のように、特定の代表者が常に発表するというスタイルでは絶対に育たない能力である。

説明するまでもないだろう。本書で紹介している「答えのない教室」では、3人という人数がゆえに必ず「発言する」という仕組みができ上がっている。そう、すべての子どもにその機会があるのだ。日々この授業を受ければ、誰もが意見を述べるということに恐れを抱かなくなる。堂々と意見を述べる、堂々と話す日本の子どもたちの姿を見てみたい。

答えすぎる・教えすぎる教師たちにこそ「答えのない教室」を

　教師が計画をし、それを表にまとめ、生徒が実行していく。計画から外れそうになったら軌道修正が行われる。そして、最短時間で正解にたどり着くことが目指されている。そんなことが日常となっている日本の教育も、そろそろ変革期に入ったと思われる。すべての生徒がワクワクしながら授業を受けていると感じられれば、教師冥利に尽きるのではないだろうか。

　息子が中学生のころ、文化祭の出し物として「演劇」があった。ある生徒が物語をつくり、脚本も手掛け、すべての登場人物の台詞も考えた。しかし、毎年の「決まり事」があるという理由で彼の作品は却下された。

　演劇用の「ストーリー・台本集」があり、各クラスはそのなかにある作品から選んで演じるという「決まり」があったのだ。つまり、「すべて、書かれてあるとおりにやればよい」というハウツー本である。

　生徒たちは「自分たちの物語を上演したい」と進言したが、「毎年、この本から選んでいるからそうしてください」と担任に言われて絶句してしまった。

　教師が悪い、とは言えない。新しいことをサポートする時間もないし、何よりも前例主義の学校に対して上申するわけにもいかなかったであろう。

　もしかしたら、「生徒たちに新しいことをやらせてあげたい」

と思えるような状況になかったのかもしれない。なぜなら、「考える」ことを一番最初にやめさせられてきたのは現在の若い教師たちであるからだ。

今なら「どうして生徒がやりたいようにできないのか？」と教師に質問していただろうが、当時の私は、息子の教育にあまり興味をもっていなかった。公教育のなかで学んで入れれば大丈夫、と思い込んでいたのだ。そんな保護者が現在でも多いと思われる。

教師自身がこれまでの殻を打ち破って、新しい方法で授業をはじめたなら、驚きながらも生徒は、「自分も変わりたい、もっと楽しく学びたい」と思うはずだ。教師が変われば生徒も変わる。親が変われば子どもも変わる。

本書を読んでいただくことで、一人でも多くの教師・教育関係者・保護者が子どもたちに「考える」喜びを提供し、自分で選択するという機会を与え、失敗をサポートしながら成長に導くという大人に変貌してくれることを願っている。

「答えのない教室」は、学校内にかぎられたものではない。人が集まるところなら、どこでも実施できるというゲーム的な要素も含まれている。もし、授業で行うことに不安をもつのなら、まずは教師同士でやってみてほしい。そして、「楽しい」と思ったなら、教室での授業に取り入れていただきたい。

実際、世界中の教師がさまざまな教科において「答えのない教室」を実践している。日本の教師が、世界の教師仲間に入っていただけることも願っている。

第 7 章

学校は
「考える」場所である

（有澤和歌子）

　エアカナダの航空機を降りて驚いたのは、どんよりした空の色。2023年10月21日の朝、私はバンクーバー国際空港に降り立った。「北米の空は青い」と思い込んでいただけに、生まれ故郷富山県の冬かと思えるような空色を見て愕然とした。日本ではまだ半袖で街を歩く日もあるというのに、こちらは紅葉も落葉しており、冬のはじまりであった。モチベーションが大きくダウン。バンクーバーに来たことを少しだけ後悔した。

　本当は9月の終わりに来たかったのだが、航空運賃が高すぎて断念した。そして、10月末から11月初めに変更したわけだが、まさかこんな空色だとは……。

「答えのない教室」の授業が日常の授業に取り入れられているバンクーバーに来て、どうしても知りたいことがあった。2022年の夏に梅木氏と日本全国で行った「答えのない教室」は、どこの学校でも歓迎された。新しい経験を生徒たちにさせたいと思っている教師を介在して回ったわけだから予想の範疇ではあるが、毎日、この授業に満足する子どもたちの様子を見てその凄さを確信した。

　しかし、日本での授業は一回きりのことである。子どもたちや教師がいくら満足しても、「継続したら生徒はどうなるんだろうか。クラスはどのように成長するのか。教師はどのように変わっていくのだろうか」という疑問が私には残った。それを確認するために、カナダに行くことにしたのだ。

　今、私は、カナダのブリティッシュコロンビア州（BC州）のバーナビー市立図書館（Burnaby Public Library）でパソコ

ンに向かっている。そして、フィリピン人の家庭にホームステイをしながら、いくつかの学校を訪問することにした。

教師のモチベーションは生徒が上げる
——「ロード・ビング・セカンダリースクール」の視察

　最初に訪問したのは公立の中高一貫校、第5章のインタビューに協力してくれたピーター・ガスタイニス（Peter Gustainis）さんの授業見学である。

　学校の授業は午前8時20分からはじまるため、学校見学を兼ねて少し早めに到着した。前日にUber（配車アプリ）を予約したのだが、到着が早すぎてまだ真っ暗だった。学校ができてからの卒業生の写真を見たり、スポーツ大会のトロフィーや集合写真を見ながらピーターの到着を待った。

　「ロード・ビング・セカンダリースクール（LOAD BYNG Secondary School）」は、日本でいうと中学2年生（グレイド8）から高校3年生（グレイド12）までの学校である。ほとん

歴代生徒会長の名前が刻まれているボード

卒業写真が貼られている。卒業生も存在している感じが印象的

どの生徒が卒業後には大学へと進む。小学校を卒業してすぐの子どもと、大学入学前の青年が同じ教室にいることもあるわけだから、ちょっと不思議な感じがする。

　一人の教師が、グレイド8からグレイド12を教えている。生徒たちは、授業ごとに選択した教科の教室、すなわちその教師の教室に移動する。だから、休み時間の廊下はさまざまな年齢の子どもたちでごった返している。そのうえ、さまざまな人種、生徒たちの国籍は髪や肌の色では予測がつかない。廊下では、中国語で会話している生徒グループがたくさんいた。

　日本の教育システムとの大きな違いは、成績によるランク分けがないことである。ご存じのとおり、日本の公立高校は偏差値で分けられており、受験で合格しないとその学校に入学ができない。一方、カナダでは、自分が住んでいる学区の公立セカンダリースクールに入学申請さえすれば進学ができる。つまり、学校にはさまざまな生徒がいるということだ。

　近年、定期テストがなくなりつつあるというBC州の学校では、どのように授業が進められているのだろうか。成績もやる気もバラバラで、時には外国から転入してきたばかりで、英語がまだ話せない生徒も一緒に教えているという光景が想像できない。と同時に、「入学試験で学力をそろえた生徒」を教えている日本の教師は違和感を抱くだろうと思った。

　念のために言うが、アメリカのトップレベルの大学に行きたいという子ども向けの私立学校も少数ある。

　最初に見学した授業は、グレイド9（中学3年程度）の数学

である。教育アシスタントのジェイコブ（Jacob）は、ITエンジニアから数学教師への転向を予定している人で、現在、そのトレーニングとしてピーターの授業をサポートしている。サポートがいるとはいえ、ジェイコブにも指示を出したり、確認をしなければならないので、結局、ピーターにとっては大忙しの授業となる。

　まずは、日本から来たことを説明しつつ挨拶を交わした。ジェイコブの服装を見て「エンジニアみたいだね」と言ったところ、「これ、普通の服装だよ」と言われて、固定概念の強さに愕然としてしまった。

　授業がはじまり、ジェイコブと私がいることを生徒に伝える。今日の授業の内容説明が終わると、グループ発表となる。ピーターは、毎日行われるグループ分けのために、表計算ソフトでランダムに出すシートをつくっており、その画面が出ると、生徒たちは自分の番号のホワイトボードに移動する。

生徒がつくったペン立て。インクカートリッジのものを使用している

　そして、出された問題を３人で解き、次の問題が必要なチームはピーターに声をかける。するとピーターは、最初の問題と次の問題を同じスクリーンに見せる。

　ホワイトボードを見ていると、答えを出すのに手こずっているグループが分かる。ピーターがジェイコブにサポートを依頼した。しばらくすると、プロジェクターに映し出される問題数が増えていた。

　ピーターは、全体を見渡しながら、時々生徒を集めて説明を行っていた。授業時間は80分、終了の10分前には生徒を集めて、今日の問題の解説をしていた。

　教室の３面がホワイトボードで、窓側の一面のみが可動式のスクリーンになっている。ここに、問題が次々と表示されていく。グループによって進度が違うため、問題数が増えると文字が小さくなる。見えづらい生徒たちがスクリーンに集まったり、ホワイトボードに戻ったりと忙しい。

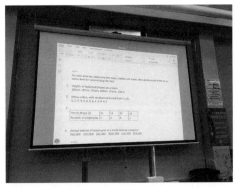

グレイド９の問題。３人のグループで解いていく

「答えのない教室」のよいところは、「プリント1枚が終わるまで」といった「終わり」が明確でないところにもある。教師が次から次へと問題を追加していくから、「終わり」が見えないというのも新鮮であった。日本では、「終える」ことが目的になっているような気がする。

　メンバーの構成によって解答のスピードが変わることを生徒たちも分かっているようだ。また、早く解答することが目的でないことも知っている。

　数学の授業において重要なのは「学びとチームワーク」だ。できる生徒は、理解できない生徒に説明するという形でクラスの役に立つ。教えてもらった生徒は、理解できた嬉しさだけでなく、教えてくれた生徒に感謝するだろう。

　授業ごとにメンバーが変わり、さまざまな特徴を知ることになるため、クラス内の人間関係がよくなるほか、結束も強くなるし、社会人となったときに必要とされる「共創」という能力が自然につくことになる。

　ちなみに、全員分の計算機が教室に準備されているので、生徒はスマホを持ち出す必要はない。生徒がスマホを使うのは、授業の終わりにホワイトボードの写真を撮るときだけだった。

次から次に出てくる質問が
教師のエネルギーを引き出す

　授業の最後、生徒を集めて説明したあとに質疑応答の時間があった。驚いたのは、生徒からの質問に答えながらピーターの顔がどんどん紅潮していき、笑顔が輝いていたことだ。質問と

回答の応酬によって、ピーターにエネルギーがチャージされて
いくようであった。毎回同じ授業をしている教師には味わえな
い感覚であろう。

　一方向の授業では、良くも悪くもアクシデントは生まれない。
想定どおりに、時間を気にしながら進めていけば授業は終わる。
「今日教えるべきところ」を伝えれば、教師の業務は終了なの
だ。「生徒が理解したかどうか」までを教師の仕事とするなら
ば、小テストや定期テストで習熟度を測るのではなく、教師の
教える能力を測るべきではないだろうか。

　質疑応答が終わったら、みんなが「振り返りシート」に記入
していた。それぞれが、今日学んだことをメモしているのだ。
そしてもう一つ、「コラボレーションシート」への記入である。
「チームワーク確認シート」とでも訳したらよいのか、グルー
プで行った作業についての出来栄えを確認するものである。た
だし、「何問解答できたか」を書く場所はない。あくまでも、
３人のグループワークに対する自己評価となる。

生徒自身が評価するコラボレーションシート

　コラボレーションシートは教師がつくったものではなく、生徒がつくったという。そして、授業の最後に必ずグループで確認し、各項目に印を付けていく。右に行くに従って、グループワークがうまくいっていたことを意味する。

　ここで考えたいことがある。「数学を理解するのに協力は必要か否か」だ。数学の授業は何のためにあるのだろうか？　学校の授業は、そもそも何のためにあるのだろうか？　これらについて考えたことがなかったが、コラボレーションシートを見て考えてしまった。

　授業ごとに記入していくことで、生徒たちは「仲間も一緒に成長する」ことの重要さを少しずつ理解していくのだろう。そして、3人で答えを考えることによって解答速度が上がることも知る。

　授業を重ねるたびに、「考えること」が学びに直結していること、そして、いろいろなことに興味をもちはじめる自らを知ることになる。数学の授業が、「何のために学ぶのか」を知らしめる哲学的な対話につながっていることに驚いた。「自分だけが分かるよりも、みんなが分かるほうがよい」ということを、数学を通して学んでいるのだ。言うまでもなく、すべての教科がそうでなければならない。

マーカーを順に渡す生徒たちが学んだこと
——梅木さんの授業を視察

　翌日、梅木さんが勤める「ポイント・グレイ・セカンダリースクール（Point Gray Secondary School）」を訪問した。名前

のとおり、こちらもセカンダリースクールなので、グレイド8からグレイド12の生徒が学んでいる。見学したのは、グレイド8のクラスとグレイド11・グレイド12合同の2クラスである。グレイド8のクラスで驚いたのは、流れるように子どもたちが授業に入っていく様子であった。

・まず、好きな席に座る。
・授業がはじまると、「スマホをカバンにしまうように」という指示がある。
・トランプでグループ分け。
・数字が書かれたホワイトボードの前に集合。
・問題が出されて、3人ずつが頭を捻りはじめる。
・問題が解かれていくと、梅木さんが追加の問題を出す。

教室から廊下へのドア。「Gallery」という表記が面白い

授業前の梅木さん。日本で持ち歩いたホワイトボードが黒板にあった

・グループの解答進度を合わせるように、梅木さんがグルー
　プを回る。

・分からないときには、ほかのグループのボードを見てヒン
　トを得る。

・別のグループに呼ばれた生徒がヒントを出している。

・まったく参加していないように見える生徒が2人いた。

・生徒たちは、立ったまま、喋ったり、考えたり、笑ったり
　している。

　先ほど紹介したコラボレーションシートの考え方をふまえて
いるのだろう、どのグループも、解答を一つ書くたびに次の人
にペンを渡していた。誰かが解答に躓いたら、3人で話し合い
ながら答えを考えている。それでも分からないときには、ほか
のグループのホワイトボードを見に行き、再び話し合いながら
考える。これを繰り返していくうちに問題の解き方が分かって
くる。

　英語がほとんど話せない生徒もグループに入っている。とく
に、中国語での会話が目立った。18人のクラスには英語がまっ
たく話せない生徒が2人いるが、「この地域ではよくあること
だ」と言う。年齢が低いほど英語に慣れるのは早いようだが、
グレイド8だと「1年ほどかかる」とも言う。

　数学だから、見ていたらできることもあるのだろう。問題を
解きながら英語を学んでいく。英語がまだ話せない生徒にとっ
ては、一人で解くよりもこの授業方式のほうが気分的にも楽に
なる。そして、毎回トランプによるグループ分けなので、クラ

ス中のいろいろな人と話すことになる。英語が話せない生徒た
ちにとっては、「答えのない教室」という授業方式はよいこと
だと思われる。

　もちろん、英語が話せる生徒にとっても同じだ。梅木さんが、
「バンクーバーという土地だから生み出された方式のような気
がする」と言っていた意味が少し理解できたような気がした。

　このような光景が「当たり前」になっている教室では、とに
かく人の動きが多い。生徒たちを見ていて感じたことがいくつ
かある。

　　・立ったままの授業は、机に座って受ける授業よりも人間関
　　　係が近くなり、話がしやすい。
　　・ランダムなグループ分けのため、クラスの親密度が上がる。
　　・3人が順に解きながらホワイトボードに書くため、一人ひ
　　　とりに責任感が醸成される。
　　・ともに解くことで、「助け合うことが当たり前」となる環
　　　境がつくられる。

　一方、教師にもさまざまなメリットがある。生徒が集まって
くると、教師から「分かって欲しいオーラ」が出はじめ、説明
するときの顔が輝いている。さらに、教師の説明を聞きながら
「アッ、分かった！　けど、こんな疑問が湧いた」という質問
を受けたときの顔も嬉しそうであった。

　この授業が終わったあとにも、解答の続きを考える個人やグ
ループがいた。何と教師冥利に尽きることだろうか。

「この授業をしていたら、自分から動き出す生徒がどんどん増

えるんですよ」と梅木さんは言う。一日見学しただけでさまざまな光景が見えてくるのだから、毎日この授業をしていたら、生徒の成長が日々確認できるのだから、教師という仕事は面白くてやめられないだろうなと思った。

　この日、ブリティッシュコロンビア大学の学生が授業視察に来ていた。教員養成プログラムには「短期実習」と「長期実習」があり、この日に来ていたのは短期実習の学生であった。ちなみに、BC州では4年制の大学を終えてから、教員養成プログラムを1～2年学ぶことになっている。その間に、この実習を行っている。

　日本のように、大学を卒業したら即「先生」とはならず、「教師の皿洗い期間」が制度として設けられているところが凄い。さらに、この学生は、自分の担当教科以外の授業を視察するためにこの授業に参加していたというのだから、「興味深い」を通り越して「感心」してしまった。

もう少し考えたかったのか、授業終了後にホワイトボードに向かった生徒

従来型の数学の授業を見て愕然とした

せっかくなので、従来型の数学の授業も見学し、生徒の動きや態度が「答えのない教室」とどのように違うのかを観察してみた。数学科の教員の授業であるが、大変申し訳ないコメントになってしまう。

グレイド10（高校1年相当）の数学クラスで、26人の生徒がいた。断っておくが、教師に問題があるということではなく、世界各国で行われている一般的な数学の授業を行うと、10代の生徒がどのように行動するのかを伝えたい。世界各国、学校側の生徒への対応（管理？）は違っているだろうが、結局は「こうなる」と思いながら読んでいただきたい。

生徒は2人ずつ並び、教師に向かって座っている。好きな席に座れるので、自ずと前のほうには真面目な生徒が、後ろのほ

授業開始の際、日本と同じく全員が前を向いて座っている。ただし、1クラスは30人までとなっている

うには、話をしたかったり、教師との距離を取りたい生徒が座っている。

　授業の進め方は、みなさんがご存じのとおりのものである。まず、教師が今日の学習内容を説明し、次に例題を出して、それぞれの生徒が解答していく。その後、プリントを配布して、それを解くという流れになる。その様子はというと、次のようになる。

　　・窓側の、一番後ろに座っている男子４人グループは、２人の生徒が椅子を後ろに向けて４人でずっと喋っている。
　　・スマホとヘッドホンで音楽を聴いている生徒が２人。
　　・教師が時々教室内を歩き、分からないところがないかと聞いて回っている。
　　・そのタイミングを見て、何人かの生徒がトイレに行く。授業中に３、４回行った生徒もいた。
　　・寝ている生徒は４人、スマホで遊んでいる生徒は８人、堂々とゲームをしている生徒もいた。
　　・プリントの課題が終わったら、話し出す生徒が多い。

　授業終了時に教師が「See you tomorrow!」と声をかけると、すぐさま生徒たちは教室から出ていった。同じ学校で行われている「答えのない教室」の生徒たちとこのような授業を受けた生徒たち、いったいどちらが幸せなのだろうか。80分という授業時間、生徒にとっても教師にとっても楽しいものではないだろう。

　この違いは、二つの教室を見た人でないと分からないだろう。

このクラスの生徒に「答えのない教室」で授業をしたなら、やはり動き回ることになるだろうし、教師の笑顔とエネルギーがもっと出てくるだろう。多くの日本の教師に「答えのない教室」の授業をぜひ見てほしいと、改めて思ってしまった。

BC州における学校と教師の1日を見る

やはり、外国の学校には驚きがたくさんある。せっかくなので、それも少し紹介していきたい。

私が最初に驚いたのは、火曜日の1限目にあった「スキル」（学習サポート）という時間である。数学や言語といった特定教科ではなく、自分が苦手としている授業の補習時間とすることで単位が取れるようだ。

POST in CLASSROOM

POINT GREY 2023 - 2024 WEEKLY SCHEDULE

Five-minute Warning Bells at 8:35 am & 12:10 pm

Monday	Tuesday	Wednesday	Thursday	Friday
8:40 - 10:00 (80 min) Period 1	8:40 - 9:40 (60 min) Period 1	8:40 - 10:00 (80 min) Period 1	8:40 - 10:00 (80 min) Period 1	8:40 - 9:20 FIT
Break 10:00 - 10:10	9:45 - 10:25 FIT	Break 10:00 - 10:10	Break 10:00 - 10:10	9:25 - 10:25 (60 min) Period 1
10:10 - 11:30 (80 min) Period 2	10:30 - 11:30 (60 min) Period 2	10:10 - 11:30 (80 min) Period 2	10:10 - 11:30 (80 min) Period 2	10:30 - 11:30 (60 min) Period 2
11:30 - 12:15 Lunch	11:30 - 12:15 Lunch	11:30 - 12:15 Lunch	11:30 - 12:15 Lunch	11:30 - 12:15 Lunch
12:15 - 1:15 (60 min) Period 3	12:15 - 1:35 (80 min) Period 3	12:15 - 1:35 (90 min) Period 3	12:15 - 1:15 (60 min) Period 3	12:15 - 1:35 (80 min) Period 3
1:20 - 2:20 (60 min) Period 4	Break 1:35 - 1:45	Break 1:35 - 1:45	1:20 - 2:00 FIT	Break 1:35 - 1:45
2:25 - 3:05 FIT	1:45 - 3:05 (80 min) Period 4	1:45 - 3:05 (80 min) Period 4	2:05 – 3:05 (60 min) Period 4	1:45 - 3:05 (80 min) Period 4

80分授業が中心。富裕層が多いこの学校では、ほとんどの生徒が大学へ進学する

　この時間にはグレイド8からグレイド12の生徒が集まるので、教室のなかは子どもから大人が集っているような雰囲気になる。その部屋を担当している教師と教育アシスタントが、生徒からのさまざまな質問に答えていた。

　この日は、朝から夕方まで梅木さんと一緒だった。私は授業がはじまってから学校に到着したが、彼は午前8時過ぎには出勤していた。11時30分からランチとなるが、11時25分にはランチボックスを電子レンジに入れていた。彼は「いつものことだ」と言う。そして、「生徒が教室を出たら、すぐにランチが食べられる」とも言っていた。

　生徒も教師も自分らしく時間をうまく使っている。事実、次の授業の10分前には、生徒を受け入れる体制が整っていた。

　最後の授業が15時5分に終了し、その5分後に私たちも学校を後にした。雨が降っていたこともあり、自宅まで車で送ってもらった。梅木さんは、その後、ジムで身体（と精神）を整えたという。毎週火曜日のルーティーン、身体と心をリラックスさせて新たなパワーを生み出すためにも、身体を動かすことは必須となる。

　余談だが、今回のカナダ滞在においては小学校も訪問しているが、対面での打ち合わせ時間を決めるときに「14時30分に学校に行きたい」と言ったところ、「14時に学校が終わるから、その時間だと学校にいない」という回答があって驚いた。カナダの教師は、「授業が終わったら帰宅が可能」なようである。日本との違いに、改めて驚いてしまった。

リリヤドール教授とのミーティングは
なぜかオンライン

　まず、このときのオンラインミーティングで得たなかから、みなさんに一番伝えたいことを記しておきたい。実際に数学教師でもあり、現在は研究者となったピーター・リリヤドール教授との会話のなかで、教育関係者のみなさんに共有してほしいと思ったフレーズである。

　・Enjoy teaching!
　・**学習効果を測るのは時間がかかるし難しいが、「考える様子」はすぐに分かる。従来型の試験では、パフォーマンスを測っている。**
　・**授業が、子どもたちにとっても教師にとってもチャレンジングなものなのか、それが重要。**

　バンクーバーに来て、まさかリリヤドール教授に会えないなんて思ってもいなかった。ズームでのインタビューとなるので、身体全体で私の思いを伝えることが難しい。最初は英語で質問するつもりでいたが、質問の内容がどんどん複雑に、奥深いものになっていったので、質問リストを梅木さんに伝え、翻訳をしてもらうことにした。そして、リリヤドール教授の回答のなかから改めて尋ねたいことについては、英語で自ら質問をすることにした。

　相変わらず英語力のなさを悲しく思う反面、「答えのない教室」ではないが、誰かが一緒にやってくれるのなら、その人と

一緒に目的に向かっていけばよい。できないことを嘆くのはやめて、周りにいる人に頼るというスキルの向上が必要であると、ミーティングを終えてから思った。

　念のために言うが、「英語ができないから私には無理だ」と思っている人に「無理じゃないよ」と伝えるために、自ら恥を晒していることを了承していただきたい。

　本題に入ろう。最初の質問は「答えのない教室」を考えるに至った経緯と継続中の学校での様子、そして現在における世界への展開についてである。リリヤドール教授の回答を交えながら、本章の考察としてまとめていきたい。

　リリヤドール教授以外の教師が初めて「答えのない教室」を外部に発表したのは2014年5月だったという。国際教育に関するカンファレンスのときで、場所はカナダの首都オタワであった。リリヤドール教授のスピーチ後、感銘を受けた数学教師のツイートが拡散した。この教師にとっては、本当に感慨深い日であったことだろう。

　リリヤドール教授の著書である『数学における考える教室のつくり方』は、すでに世界6か国語（デンマーク語、ノルウェー語、スウェーデン語、ポーランド語、トルコ語、中国語）に翻訳されている。そして、

「ロード・ビング・セカンダリースクール」（189ページ）はリリヤドール教授が数学を教えていた学校でもある

韓国語、フランス語、ドイツ語、ギリシャ語、オランダ語の翻訳が決まっているほか、スペイン語とアラビア語での翻訳出版の話が進んでいるという。

　一人の教師が国内で伝えはじめ、外国の教師に伝播した結果として翻訳出版が決まっていく。そして、開発者の話を聞くためのイベントが各国で開催され、リリヤドール教授は世界中から引っ張りだこという状態になっている。それが理由で、「答えのない教室」における教育コンサルタントの仕事が増えているともいう。現在は、生活の拠点であるバンクーバーにいることがあまりない。

　書籍と web サイトを通じて、Facebook の「答えのない教室グループ」にはすでに５万人を超える教師の登録があり、何か国の教師が授業に取り入れているのかが分からない状況となっている（112ページ参照）。なぜ、これほどまでに世界中に広がっているのか、ぜひとも本人に尋ねてみたいことであった。

　第１章でも説明されているように、リリヤドール教授がこの教え方・学び方を確立した背景には、着席している生徒に教師の伝えたい（教えたい）ことがあまり伝わっていなかったという現実がある。生徒のうち、授業に参加している生徒は全体の２割、さらに、２割の時間のみが「**考える**」ことに費やされていたことを彼は実証した。

「教えたつもりの教師と学んだつもりの生徒で構成される教室に、本来の授業の意味をもたせたかった。そして、授業中に『**考える**』ことが『**次の考える**』ことにつながり、最終的にそれらが『**考える癖**』として定着する。学ぶことが楽しくなる仕掛け

が『答えのない教室』にあると分かった」

　リリヤドール教授は、「答えのない教室」を利用して、「これ
までの教室（の当たり前）を変えてしまう」ことに手をつけた
わけである。そして、現在、世界中の教室を世界中の教師とと
もに変えていこうとしている。

「答えのない教室」の一番のポイントは、授業に取り入れたい
と思う教師であれば、誰にでも簡単に、すぐにできることだ。
生徒数の3分の1となるホワイトボードとマーカーさえあれば、
どの授業でもできるのだが、リリヤドール教授は「そこにはさ
まざまな壁がある」、そして「チャレンジしたい教師にそのこ
とを伝えたい」と言っていた。

　つまり、最初に乗り越えるべき壁は、同僚であり保護者であ
ると言うのだ。授業時間に決められた内容を「教える」という
行為はすでに確立されており、世界中の学校において長らく行
われている。そのような状況のなかで「答えのない教室」を行
うと、その歴史を否定することになる。また、保護者からも、
「これまでどおりのやり方で授業を進めてほしい」といった苦
言が入るというのだ。

　リリヤドール教授によると、同僚教師の妨害が「大きな壁」
になる場合があるという。「答えのない教室」の授業を受けて
いる生徒に対して、ほかの教師が「その授業は悪い授業だ」と
言ったこともあるようだ。言うまでもなく、これまでやってき
たことが否定されたと思った教師からの妨害であり、「十分に
考えられることだ」と言っていた。

　妨害したくなるほど効果のある授業に対する嫉妬であったの

だろう。自らが否定される前に攻撃を仕掛けるという行為、本当に避けたいものである。

　一般的に、「よい教師は問題を起こさない」というのが通例であったが、「答えのない教室」を行うことで「問題視」されてしまう。しかし、現在は、世界中で5万人を超える教師がこれを使って授業しているという現実がこの常識を覆した。授業の概念を変えてしまったとも言える。

　これらの壁を越えるために必要とされることとして、「教師と生徒の間にリスペクトをベースとした関係性があるかどうか」だとリリヤドール教授は言う。そのような状態であれば、「答えのない教室」への移行はスムーズだ、とも言っていた。「答えのない教室」では、「教師と生徒間の相互信頼」が前提となって教える教科が成立している。それが「答えのない教室」の醍醐味でもあると、話を聞いていて思った。とくに印象深かったのが、「overcome barriers」と彼が発した言葉である。「バリヤーを乗り越えた」結果、「答えのない教室」が世界中に広がり、それを経験した教師と生徒だけが体験できる世界が見えてくる。

　「生徒が数学・算数をもっと好きになりたい、もっと学びたい」と思うにはどうしたらよいのかと、教師が試行錯誤をはじめる。そのような教師の様子を生徒が見て、教師を好きになり、信頼関係ができ上がっていく。そして教師は、「答えのない教室」メソッドにたどり着き、授業に取り入れていく。その結果、生徒は「考える」癖を授業中につけ、算数・数学がもっと好きになる。このような流れが「成功の秘訣」となる。

図7-1　「答えのない教室」を導入して楽しめましたか？

1－まったく楽しめなかった
2－それほど楽しめなかった
3－どちらとも言えない
4－ある程度楽しめた
5－かなり楽しめた

図7-2　来年度の「答えのない教室」の計画は？

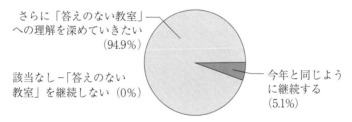

　図に示したのは、リリヤドール教授が2023年に行った調査結果である。「答えのない教室」を実施している教師を対象にしたものである。

　図7-1を見ると分かるように、「答えのない教室」を実施した教師の90パーセント以上が「この授業を行うことが楽しい」と答えている。また、**図7-2**によると、「答えのない教室」を行っている教師全員が、来年も実施し、95パーセントの教師が「さらによいものにしたい」と回答しているのだ。

　現在、「答えのない教室」は北米での展開が一番多く、デンマークやノルウェーに広がっているという。算数・数学が一番多く、物理・化学・地理・言語・芸術・社会（Social Studies）の授業でも取り入れられていると聞いた。

「さまざまな教科の教師から質問のメールが届き、どの教科でも利用できることが証明されようとしている」と、リリヤドール教授は言っていた。

　ハワイ州では、教育コンサルタントがもちかけて州の方針を動かし、すでに、すべての学校の算数・数学の授業において取り入れられているともいう。アメリカでは、州ごとの判断でさまざまな改善や新規の取り組みができるので、このように速い対応が可能となる。

　私がとくに興味深く思ったのは、デンマークの算数・数学の授業においては90〜95パーセントの学校が取り入れているという話であった。BC州とデンマーク、どちらも対話を重視した政治やさまざまな取り組みを国・自治体と市民が行っており、話し合いを重視し、共に考えてアウトプットするといった民主的な行動がとられている。事実確認はできていないが、このような環境がゆえに「答えのない教室」の仕組みと効果が理解しやすいのだろう。

　世界的にインクルーシブな教育や生活の場が必要と言われるようになった昨今、それらを実現してきたのがバンクーバーであり、デンマークであるという点を強調しておきたい。

　現在は、世界中のインターナショナルスクールから問い合わせがあるようだ。本による広がりを見せていることに合わせ、

インターナショナルスクールの教師は世界中にネットワーク化されているため、アンテナの高い教師が「答えのない教室」を取り入れはじめているようだ。しかし、残念ながら、アジアでの展開はそれほど広がっていないという。

　韓国・台湾・シンガポール・北京では、ワークショップがすでに開催されている。リリヤドール教授は、アジアの教師たちから、「このメソッドで示されたようなグループワークは、自国の子どもではできると思えない」と言われたそうだが、その際、「カナダの、とくにBC州の子どもたちの60〜70パーセントはアジア人だよ」と返したという。さすが、バンクーバーの人である。

　アジアの教師は、なぜ「自国の子どもたちにはできない」と言ったのか。一方、アジア人の流入が増える北米ではどんどん広がっている——本当に興味深い話である。

「教え込む授業」が当たり前と思っている人たちの意見なのだろう。先に紹介した「ポイント・グレイ・セカンダリースクール」（195ページ）では、8割ほどの生徒がアジア人のように見えた。その背景として、「教育を管理する国や州のベースに違いがある」とリリヤドール教授は説明してくれた。

「答えのない教室」を受け入れられる国や地域では、社会全体がそれを受け入れるだけの土壌をすでにもっているということかもしれない。リリヤドール教授は、「各国の文化や背景によって受け入れられ方が変わる」とも言っていた。

　さて私は、リリヤドール教授が一人でこの「解決策」にたどり着いたのかどうかが気になって、「何かヒントになるものが

あったのですか？」と尋ねてみた。それに対する回答は以下のとおりである。

「答えのない教室」に行き着く途中において、シール・ノーバート・エム（Seel Norbert M.・ドイツのフライブルク大学名誉教授）が書いた書籍『*Learning and Thinking*』がヒントになっていたという。先人の研究が基礎となり、時代を経ることで顕著になった課題に対する解決策が研究されることは、社会が成長するにおいて欠かせない。

インタビューの終盤、「Enjoy Teaching!」という言葉が彼の口から出てきた。学校で大半の時間を過ごす教師には、授業中にこそ「喜び」が必要である。それは、生徒が自主的に学びを継続したい、友達の学びを助けたいと思うようになることにほかならない。

梅木さんが行った授業を視察した帰り道、車の中でさまざまな話をした。そのとき、リリヤドール教授の「Enjoy teaching!」を裏付ける話を梅木さんから聞いた。

梅木 この授業をすると、本当に教師は大変なんですよ。従来の授業スタイルだったら、80分間ほぼ椅子に座っていられます。プロジェクターに問題を映し出して、解説をして、プリントを配って、質問のある生徒に説明をするだけで80分はあっという間に終わるんです。しかし、一度この授業をやってしまうと、授業中の生徒の表情や行動、そして彼らが考えることを楽しみながら成長している様子が手に取るように分かるんです。

　つまり、考える姿勢を育むことが重要なんです。覚えたことでも、結局は忘れる場合が多いですから。また、生徒が授業を楽しみにしていることも分かります。

　教師は80分ずっと動き回らないといけないし、進度の違う生徒の調整に頭を使いますが、授業が終わったあとの達成感は、従来型の授業では絶対得られないものだと確信しています。

　この話を聞いたとき、これまでの梅木さんとのコミュニケーションが完全ではなかったと感じてしまった。どうも、うわべだけを見ていたようである。

　最後に、ちょっと悲しかった話を共有したい。
「日本のインターナショナルスクールの小学校と中学校からも問い合わせがありましたよ」と言うリリヤドール教授の言葉に、私はちょっとショックを受けてしまった。なぜなら、2022年から日本で「答えのない教室」を伝えはじめていたが、なかなか広げることができなかったからだ。しかし、世界にネットワークのあるインターナショナルスクールの教師は、いとも簡単にリリヤドール教授に問い合わせをしていた。きっと、「答えのない教室」を日本で行っていくのだろう。担当教師がその気にさえなれば、すぐにでも取り入れられるわけだから、興味をもった教師がやりはじめるというのは当たり前である。

　インターナショナルスクールからの問い合わせは、国際的な教育カンファレンスに参加していた教師や校長からの問い合わせであったという。日本をはじめとして、ドーハや北京といったところのインターナショナルスクールの教師やクロスカリキ

ュラム（教科横断型）教科の関連者から展開されていくのだろう。

　第6章で紹介したように、日本の学校で実施した「答えのない教室」だが、まだ取り入れたいという話は届いていない。結局、インターナショナルスクールのほうが日本の教育の前を走るのかと思うと、なんだか悲しい気がした。

　ミーティングの最後、私が見てきたバンクーバーでの「答えのない教室」の感想として、「この教え方が生徒から学びたいというエネルギーを引き出し、それが教師に伝わり、教師からはもっと伝えたいというエネルギーが発せられ、教室のなかにポジティブなエネルギーが満ちているように見えた」と話をしたところ、「的を射た表現だ。その表現こそ『答えのない教室』だ！」とリリヤドール教授が返してきた。

　今回のバンクーバー出張に日本の教師が一緒に来ていたらよかったと思いながらミーティングを終了した。

「19世期の学校のままの教え方ではダメなんだ」とリリヤドール教授は断言する。「教師の教える時間」と「生徒の学ぶ時間」をもっと「実のあるものにしたい」と気付いている教師が多い日本であればこそ、確実に「答えのない教室」は広がると私と梅木さんは思っている。そうすれば、子どもたちの「何のために学ぶのか」という意識が変わるはずだ。

「学校での学び」は、みんなで未来をつくるためにある。コラボレーションシートにもあったように、「分かる人・できる人」が増えることが未来をさらに素敵なものにし、授業での共創が自分たちの未来をさらによくする。このような考え方がベース

にないと、同僚教師や保護者から発せられる「反対」を乗り越えていくことができない。

「〇〇先生の数学の授業のほうが面白いと言われると困る」と思うのなら、ぜひ〇〇先生の立場に変身（transform）してほしい。そのほうが教師生活は楽しくなるはずだ。「〇〇先生」のところに、ぜひあなたの名前を入れてほしい。

公立学校の教師と教育コンサルタントを務めるマイケル・プルーナー（Michael Pruner）さん

　最後に話をうかがったのは、BC州立のセカンダリースクールで数学を教えているマイケルさんだ。誰よりも長い期間、数学において「答えのない教室」を実施している。「授業を『答えのない教室』に変えると、すべての教師がエキサイティングになるんだよ」という会話からスタートしたが、すぐさま、「しかし、そう簡単には話は進まないよ！」と言われて、「あー、やっぱり」と心の中で笑ってしまった。

　27年というキャリアがある彼が、「答えのない教室」のワークショップに参加したのは2013年である。リリヤドール教授が教師向けに行ったイベントで、そのプレゼンテーションの際、「授業中の生徒の行動にはポジティブなものとネガティブなものがあり、ポジティブな方向にサポートするのが教師の役割」という話に感銘し、即行動に移したという。もちろん、リリヤドール教授が「授業に参加している生徒がどのような行動をしているのか」という話に興味をもったからである。

　当時働いていた学校では数年の勤続経験があり、学校からも

保護者からも信頼されていたという。「答えのない教室」という数学の授業に変えていく際にはそれなりの大変さがあったと言うが、どうやらうまくいったようである。彼自身にとっても、リリヤドール教授の教えを実践して、そのとおりになるかどうかを確認する時期でもあったのだろう。

このころから彼は、梅木さんが選択していた数学教育のマスターコースで研究をはじめることにしていた。つまり、「答えのない教室」との同時スタートである。この年から彼は、教室の壁をホワイトボードにしたり、生徒が動きやすいテーブルや椅子を州の教育監督組織にもちかけて、3年で形をつくった。

そして、2016年に転居したことで、勤務先を家の近くにある学校とし、まったく信頼関係や人間関係がない場所で、最初の授業から「答えのない教室」を実施したところ、保護者会（Parent Advisory Council）から「従来の授業方法で数学を教えてほしい」という依頼（苦情）があったという。

「答えのない教室」の研究で博士号をとったマイケルとのズーム会議

　彼は、保護者向けの説明会を夜間に2回行った。その場で、前任校での経緯や結果を説明したあと、ボランティアの生徒を使って授業を実施し、「答えのない教室」がいかに生徒のためのものであるのか、生徒の行動がポジティブなものに変わる様子を実際に見てもらい、保護者からの了解を得たという（別れ際、ハグに来た親もいたそうだ）。前任校で得た結果が自信となって、保護者への説得ができたのである。

　余談になるが、BC州立校の教師は公務員である。日本のように数年ごとに異動を命じられることはなく、行きたい学校に自分が担当している教科の空きがあれば申請し、承諾を得られれば異動できるというシステムになっている。言うまでもなく、勤務校が変わればすべて「1」からのスタートとなり、教師・生徒・保護者との信頼関係やネットワークはそれぞれがつくっていくことになる。

　もう一つ、数学という教科においては、学年が上がると生徒は難易度別に選択できる仕組みとなっている。グレイド10では二つに分かれるし、グレイド11とグレイド12では三つに別れたクラスから一つを選択している。もし、それが難しすぎたり簡単すぎる場合は、学期の途中で教師を代えられるという学区や学校もあるようだ。このように、学校組織や授業運営が日本とは大きく異なっている。

立ち上がりやすさを考えて、テーブルは小さく、椅子には背もたれがない。壁は、もちろんホワイトボード

そして現在、レベルの異なるクラスに行く生徒が、「マイケルの教室で数学を学びたい」と言って授業の変更をしてくるほどになっている。子どもたちは素直である。

「生徒が教師を信頼しているか、それで子どもたちを学びに導けるかどうかが決まる」と、マイケルは断言していた。教師が伝えたいことだけを話して終わりにするのではなく、「生徒たちのためにも本当に理解してほしい。そのために、ほかの教師とは違う努力をしている」と話すマイケル。生徒の目には、まちがいなく「信頼できる教師」と映っているのであろう。

マイケルが「答えのない教室」を取り入れた背景は、先に述べたとおりである。マイケルは、「現在、『答えのない教室』のブームが来ている」と言って笑っていた。公立学校の数学教師をしながら、「答えのない教室」のコンサルタントとしても収入を得ているようだから、マイケルにとって、「答えのない教室」とリリヤドール教授に出会えたことは感謝でしかないだろう。

とはいえ、「すべての生徒に必ず合うものではない」とも彼は言う。学年が進んで彼の数学を選択する際、「ああ、また考える時間が増える」と言った生徒もいたそうだ。しかし、「考える教室が好きになり、数学が好きになる生徒は多い」とも言う。彼の娘が勤務校で学んでいるそうだが、彼女は、「答えのない教室」で数学を学ぶ場合は問題解決能力や自分でなんとかするという力が鍛えられるが、ほかの数学教師の場合は「どれだけ正確に覚えたかが問われる」と言っていたそうだ。

従来型の学び方がどれほど生徒に合っているのかについて測定された事例を見たことがないので、この違いを判断するのは

難しいだろう。

　マイケルと梅木さんの間で面白い雑談があった。両者とも、新任であったとしても、学校や保護者からすぐに受け入れられることもあれば、反対されることもあるということだ。梅木さんの経験では、ジュニアグレード（中学生）は喜んでいるのに、シニアグレード（高校生）は楽しんでいないときがあったようだが、マイケルの学校では逆だったという。

　地域や学校・保護者の雰囲気などによって反応が異なるということである。仮にどこかの学校や教室で受け入れられなくても、それは一つの事象でしかなく、常に同じ結果は出ないとふまえておくべきである、ということになる。

　とはいえ、「答えのない教室」の広がり方にはマイケルも驚いていた。自分が実践したころには名前すら知らなかった授業方式が、最近では、どこの学校に行っても多くの人が知っているという。とくにBC州では、「ほとんどの教師が知っている」と彼は断言していた。かつては、教育関係・数学関係のカンファレンスの一部であったものが、最近では「答えのない教室」のカンファレンスが開催されているともいう。

「すべての教師が『答えのない教室』で授業を行うようになったら、世界はどのように変わると思うか？」と質問したところ、「リリヤドール教授が言っているように、『公正な教育（Equity in Education)』につながっていくだろう。クラス全員が混ざり合う授業であり、簡単な問題からはじまるから」という答えが返ってきた。

　全員が意見を言える環境であり、一人で考えたり、みんなで

考えたり、反対意見を言ったりしながら、同意をしたり、教えたりしながら問題を解いていく。まさに、共創社会が「答えのない教室」にはある。生徒にとっても教師にとってもちょっと大変な「答えのない教室」だが、確実に両者を成長に導いていく。「答えのない教室」という空間に、公正性を築き上げていく雰囲気があるからだろう。

　今までの教え方では、学力の高い生徒は生み出されるだろうが、学力の低い生徒はどんどん遅れていくことになる。このような現状がアメリカでは問題になっているようで、この現状を変えるメソッドになりうるのが「答えのない教室」であると言われている。「答えのない教室」は、教育格差を広げない、すべての生徒をより高めるメソッドでもある。

　最後の質問で、日本での状況について相談をしてみた。
「日本の授業は一クラスが40人ほどで、45分ほどの授業時間となっているが、このような環境でも『答えのない教室』は機能するだろうか？」

　その答えは、以下のとおりである。
「時間も授業の構成も変わると思うが（第4章参照）、まったく問題はないし、スペースさえあれば40人でも問題はない。たとえば、グループワークの日を分ければ、短い授業時間であっても調整可能である」

　日本で「答えのない教室」を通常授業に取り入れたいという数学教師には、ぜひ「ファーストペンギン（最初の一歩を踏み出す人）」になっていただきたい。

エピローグ——ある本との出合い

　本書を新評論から出版する運びとなった。その経緯については のちほど述べるが、本書の原稿を本格的に書く前、また書い ている間にも新評論の本を何冊か読む機会があった。そのなか で、「答えのない教室」と大きくつながる1冊があったので紹 介したい。

　本のタイトルは『教科書では学べない数学的思考』（吉田新 一郎訳、新評論、2019年）。翻訳書であり、元のタイトルは 「*Thinking Mathematically*」となっている。ジョン・メイソン （John Mason）が、リオン・バートン（Leone Burton）とケイ・ ステイスィー（Kaye Stacy）とともに書いたものだが、「ジョ ン・メイソン」と見て、聞き 覚えのある名前だと思った。

　当然だった。彼は、数学教 育においてかなり有名な人物 である。最近まで私はサイモ ンフレイザー大学で数学教育 の修士プログラムを取ってい たが、その一つのコースであ る「数学教育の問題点」にお いて教科書として使われてい たのがジョン・メイソンによ って書かれた本であった。

　彼の数学的思考への洞察力は目を張るものがあり、生徒がどのように学び、教師がどのように教えるのか、どうすれば生徒も教師も考えることをより能動的に行えるのかといった疑問を、体系的かつ理論的にまとめたものが『教科書では学べない数学的思考』である。

　この本を読みながら感じたことは、「答えのない教室」を実践するなかで、生徒がより考えやすくなる思考プロセスが明確に示されているということである。たとえば、算数や数学の問題を解くプロセスにおいて、「特殊化」と「一般化」を行き来するというものがある。問題が難しそうであればあるほど、まずは簡単な例題を考えてみる。この本の第1章には、以下のような質問が出されている。

問題・スーパー

　スーパーで、あなたは20％の値引きを受けることができますが、15％の消費税を払わなければなりません。あなたは、どちらを先に計算してほしいですか？　値引きですか？　それとも消費税ですか？

（前掲書、3ページ）

　もし、あなたが数学を得意としているなら、この問題を見たとき、いきなり「x」を使って二つのケースを比べるかもしれない。しかし、そのようなやり方が分からなくても答えは出てくる。具体的で、身近な例を使ってみればいいのだ。

　仮に100円のものを買うとき、20％引きなら次のようになる。

$$100 \times 0.2 = 20$$
$$100 - 20 = 80$$

　値引き後の80円に対して消費税を払うので、以下の式となり、答えは92円となる。

$$80 \times 0.15 = 12$$
$$80 + 12 = 92$$

　一方、15％の消費税を払ってから20％の値引きを受ける場合は以下のような式になる。

$$100 \times 0.15 = 15$$
$$100 + 15 = 115$$
$$115 \times 0.2 = 23$$
$$115 - 23 = 92$$

　どちらも、答えは92円となった。だが、このケースがすべての場合において同じ金額になると示したことにはならない。あくまでも、特殊なケースにおいて同じになっただけである。

　このように、分かりやすい具体例を使っていくプロセスを「特殊化」と言っている。この特殊化の連続によって、普遍的なパターンが見えてくる。たとえば、20％引きは元の値段の80％であり、15％の消費税はその時点の値段の115％と同じであるということだ。

このようなパターンに気付いたことで、以下のような関係性に思い至った人もいるだろう。

ケース１：値段×0.8×1.15

ケース２：値段×1.15×0.8

どちらのやり方でも値段が同じになることが、特殊化を経て、パターンに気付くことで証明することができた。

このようなパターンに気付くプロセスを「一般化」と言っている。ルービックキューブ（準備運動３・78ページ）を思い出してほしい。もし、この問題が３×３×３からのスタートではなく、「$n×n×n$のルービックキューブがあった場合の一般式を導きなさい」といった質問であったなら、おそらくほとんどの人が困惑していたことだろう。

ルービックキューブの場合は、このことを見越して、いきなり一般化するのではなく、まず特殊化、つまり３×３×３にトライして、次に４×４×４、そして５×５×５というように段階を経ていき、一般化となる「$n×n×n$」の式が導き出せるという質問になっている。考えてみると、紹介した準備運動の問題はこのようなプロセスを加味してつくられている。

このような思考の醸成に必要とされるプロセスが『教科書では学べない数学的思考』には明確に示されている。普段の授業で使う問題をつくる場合でも、どうすればより効果的な問題作成ができるのかについて知恵を授けてくれるという素晴らしい本である。

「答えのない教室」を本格導入してから３年以上経つが、これまでグループワークをサポートしてきた知見があるからこそ、『教科書で学べない数学的思考』に書かれているプロセスが明確に分かるし、思考のプロセスを生徒自身に自覚してもらうことの大切さを身にしみて感じている。つまり、何に戸惑い、何を理解して、どのような方法を考え、どのように解決し、なぜ正答なのかと確認するといった気付きがないと「解けた」という感覚しか残らず、理解を自分ものにすることができないということだ。

　このプロセスを言語化するのがこれまでは難しかったが、この本の助けを得たことで、来年度からは、どのような思考のプロセスがグループワーク内または自分チェック中（一人で課題に取り組んでいる最中）に起こっているのかについて、より明確に生徒と振り返られるようになると思っている。

　読者のみなさんも、ぜひ『教科書では学べない数学的思考』を読んでいただきたい。この本を読めば、「答えのない教室」の背景にある、思考することの体系的な理解がより進み、普段の授業での実践においても生徒の思考段階により気付けるようになるほか、より適切な声かけができるようになると思うし、自信をもって説明できるようになるだろう。また、授業の「まとめ」の部分や、それぞれの生徒がノートを整理する段階（第４章参照）においても示唆を与えてくれるだろう。

　『教科書で学べない数学的思考』のなかにはたくさんの問題が紹介されており、読者自身が思考のプロセスが体験できるようになっている。これらの問題はカリキュラムに則っていない

が、小学生でも取り組める問題ばかりなので、ぜひ準備運動の問題として使っていただきたい。

ちなみに、この本は2010年に初版が出版されている。思考のプロセスを通して、また振り返りを通して得られる過程はこの本に書かれているが、30人以上の生徒となる普段の授業において、どうすれば実践できるのかという手法については述べられていない。

一方、リリヤドール教授が意図したかどうかは分からないが、思考のプロセスを生徒自身のものとして捉え、考える力を普段の授業から体得していくということに関しては、「答えのない教室」で実践されている。つまり、メイソン教授の思考理論が、リリヤドール教授によって実践されるようになったと言える。

このことに気付き、私は興奮を覚えた。リリヤドール教授にそのことを伝えると、「大変うれしい」と言ったあと、次のように話してくれた。

「実は、『教科書で学べない数学的思考』の著者であるジョン・メイソンとはよき友達で、昔から交流がある」

時を経て、より思考する生徒、思考する教室ができ上がっていくのだと思うと、その一端を担えることに喜びを感じるとともに、「つないでいかなくてはならない」と身の引き締まる思いがした。

あとがき

意見することの大切さ、相手を思うことの大切さ

　教育にかかわるなかでは、教育者だけではなく保護者ともかかわることが多々ある。あるとき、保護者の一人が次のようなことを言った。

「日本の公教育を通過して思ったのは、幼稚園児のときは『あれしたい、これしたい』と言っていた子どもが、小学校に入ると『先生、これしていいですか？』となり、『ダメ』と言われることが多いため、だんだん聞くことすらしなくなる。どうせダメと言われるからと、考えること自体をやめてしまっている」

　日本に帰国するたびに感じるのは、理不尽なしつけである。私自身が幼児の親ということもあって、図書館や書店に子どもを連れていくという機会が何度かあった。そこで気になったのが、「○○をしてはいけない」という言葉である。さらに気になったのは、「お兄ちゃんだから、お姉ちゃんだから○○をしてはいけない」というフレーズである。

　お兄ちゃん、お姉ちゃんだから我慢しなさい。男の子だから、女の子だから○○をしなさい。いい子にしなさい。みんな、そんなことはやっていないわよ。

　カナダでの生活が長すぎるせいか、このような理不尽で、意味不明な理由をもとにしたしつけに違和感をもってしまう。「○○をしてはいけない」ということを否定しているわけではない。必要に応じて使うことも確かにあるが、その理由があまりにも意味不明なのだ。「○○をする」というのが適切でないとするなら、それに伴うもっともな理由が必要となる。

　たとえば、弟や妹を叩いてはいけないというのは、お兄さんやお姉さんだからではない。叩くという行為は、相手にとっては痛いことであり、容認できることではない。何かをしてほしいのであれば、叩かなくても言葉で伝えられるというように、より良い行動に誘導することができるはずだ。

　2022年の夏、東京、神奈川、愛知、京都、兵庫の小中高大学で「答えのない教室」のデモストレーションを行った。その際に生徒からよく聞いた言葉は、以下のようなものである。
「普段、算数や数学の時間では自分の意見を言うことはないけど、今日は自分の意見が言えた」
「言いやすかった」
「先生（私のこと）にも、フラットな関係で話ができた」

　これらの言葉を鑑みると、集団主義の強い日本においては、個を制限するしつけのような「決まり」が目的化しており、なぜそのような「決まり」が必要なのか、そもそも必要なのかも含めて、考えることを放棄した風潮があるのかもしれない。

　もちろん、子どもだけではない。保護者が「お兄さんだから、

お姉さんだから」と言ってしまったり、教師が何の理由もなく「ダメだ」と言ってしまっているのではないだろうか。もし、そんな姿があるとしたら、子どもはその様子を日々見ていることになる。

　なんでもかんでも「イイよ」と言うのもよくないが、なんでもかんでも「ダメだ」と言ってしまうと、冒頭に述べたように、意見することを諦めた人間、思考することをやめた人間を生み出すことになってしまう。もっとも、画一的で、整った行動を生み出すことにはなるだろうが……。

　日本で「答えのない教室」の体験授業をやっていて感じたのがこのようなことである。ぐったりと机に寄りかかり、やる気のない様子の生徒。顔を下に向けたまま何も言わない生徒。授業がはじまって、ホワイトボードの前には集まるが、私が質問をしても、ほとんどの場合、返事がなかった。

　そんな子どもたちだが、グループに分かれて問題を解く段階になると、「何をすればいいの？」という声が聞こえてきた。クラスメイトと一緒に解くなかで、徐々に意見を言うようになり、授業の後半には、活発に話し合う姿を見ることができた。ちなみに、最初は不愛想だった生徒も、私に向かって嬉しそうに話しかけてきた。

　教育を受ければ受けるほど画一的になり、意見を言わないことを「美徳」とする環境にいた生徒たちが、自由に意見を言える環境に置かれると水を得た魚のようになる。「こうあらねばならない」と洗脳された生徒たちを「ほぐす（unlearn）必要性」を感じた次第である。

　本来、生徒は学ぶことが楽しいし、自分なりの興味をもっているものだ。「答えのない教室」をきっかけにして、それらが引き出せればいいと思っている。また、一緒に学ぶなかで、生徒同士が自由に質問できるという心理面における安全性も形成されていく。普段は退屈に思っている生徒も、答える側になれば、どうすれば相手に伝わるかと考えるようになり、導けるようにもなっていく。

　もちろん、このようなことが自然にできるようになる生徒もいれば、教師による介入や手本を必要とする生徒もいる。それをふまえて、クラス全体で「今週の注目事項」などを決めるというのもいいだろう。

　たとえば、「この解き方のこの部分までは分かるが、ここからは分からない」と自分の理解範囲を明らかにしたうえで、具体的に分かりにくい箇所を相手に伝えるのだ。言葉にすれば簡単だが、これは誰にでもできることではない。尋ね方の基本スタイルを伝えないとできない生徒もいる、という事実がある。

　自分本位になりがちな昨今の風潮のなかで、相手を思いやる、相手の立場になってコミュニケーションをとるという姿勢は、将来、さらに必要になっていくだろう。

保護者や教育関係者、読者への期待
「答えのない教室」は、生徒との明確な上下関係を望む教師、自分の威厳を保ちたい教師にとってはありがたくないメソッドかもしれない。私も、やりはじめた当初は、教師としてコントロールできる部分が減っていくような感じがして嫌な気分にな

った。事実、思いもよらないような解答を出してくる生徒に、「このように解かなくてはいけない」と言ってしまったこともある。

　カナダで教師をしながら修士プログラムをとっているなかで、歴史的に見ても数学がいかに紆余曲折、試行錯誤を経てでき上がった学問であるかを学んだ。そういった事実を学べば学ぶほど、なぜ学校の数学教育だけ現実離れしており、紆余曲折もない「きれいな数学なのか」という疑問を抱いた。

　すでにでき上がっている定義や定理を、さも初めからそうであったかのように教えても誰のためにもならない。生徒は、模範解答を書けることが「数学をする」ということだと勘違いしてしまうだろう。

　本書には、準備運動となる問題を全部で5問紹介した。読まれたように、解答を一部紹介したものやヒントを出したものもある。第5章でのインタビューでは、キャシー・トバイアスさんが学年ごとに使える算数・数学の面白い問題をそれこそ山ほどシェアしてくれた（124ページ参照）。これらの問題を使って、学校の文化祭などで「数学祭り」なるイベントをしてみるというのはどうだろうか。

　教師のなかには、「普段の授業に取り入れるのは……」と乗り気になれない人もいるだろう。とりあえず、学期に一度だけでも、このような問題をクラス全員で解いてみるというのはどうだろうか。インタビューした教師たちがそうであったように、予想以上に楽しそうに解く生徒たちに後押しされて、「普段の授業でやってみようか」と思うようになるかもしれない。

また、本書で紹介された問題を、教師同士で解いてみるといったこともすすめたい。研修会を利用して、個別最適な学びや協働的な学びを教師自らが体験してみてほしい。生徒に対して、個別最適な学びや協働的な学びの大切さを熱弁したところで、自分が体験していなければやはり説得力がない。自分で体験して、確信を深めていただきたい。

一方、保護者の方には、お子さんとともに、または教師と一緒に本書で紹介したような問題を解いてほしいと思っている。分からない場合、一緒に解いていくなかで見えてくる光明を楽しんでいただきたい。

さらに言えば、PTAなどの集まりにおいて、みんなで解いてみるというのはどうだろうか。大人も子どもも、みんなで学ぶ楽しさを味わうという機会が増えるし、地方都市の場合であれば地域社会の発展にもつながるだろう。

このような活動を、日本中、世界中で展開していくことが私の将来計画となっている。

関係各位への感謝

私のこれまでの人生は脱線の連続だった。「当たり前に疑問をもつ」ことで、敷かれたレールから外れることを選んでしまった。人生において「選ぶ」という行いをやり出すと、「自分探し」がはじまった。自分には何が向いているのか、自分にとって何が好きなのか、何が嫌いなのか——不思議なもので、周りの目ばかりを気にしていた当時の自分に、恐怖心とともに好奇心が芽生えていた。

　それからというもの紆余曲折の連続だったが、一つ一つの出来事がより明確な「自分」を浮かび上がらせていった。一つ一つの出来事に遭遇している時点では、未来がどこにつながっているのかは分からない。過去を振り返ってみて、さまざまな「点」が「線」になっていたことに気付いた。もしかすると不登校かもしれないし、カナダに行くことであったかもしれない。

　カナダに行ってからも、学童保育で勤めること、EA（教育アシスタント）になること、教員になること、それぞれのターニングポイントには必ずかかわった人がおり、その人たちの縁によって今の自分が生かされている。たくさんの人に迷惑をかけたし、たくさんの人に助けられた。

　ここに挙げるのは、縁のあった人たちのほんの一部にすぎない。まずは、第6章と第7章を担当していただいた「Denmark株式会社」の有澤和歌子さんである。

　コロナ禍でオンライン授業へと移行するなか、手持無沙汰だった私は日本の教育はどうなっているのかと調べはじめた。そして、オンライン上で開催されている教育セミナーなどにもいくつか参加した。そのなかで、カナダの教育も日本の教育も向いている方向性が非常に似ていることに気付いた。

　生徒一人ひとりの主体性を尊重し、社会に貢献しながら自分の人生を自分で思考し、切り拓ける人間を育成するという意図を感じた。しかし、その実施方法においてはかなり違うことも理解した。

　そこで、今までの経験を何らかの形で日本に還元することはできないかと考えはじめた。そして、Facebook を使ってさま

ざまな教育関係者に連絡をした。もちろん、その時点においては、日本の教育関係者とのつながりは皆無であったし、面識もない私に反応してくれない人も多かった。それでも、日本の現状と教育環境を知れば知るほど何かできないかと思って連絡を取り続けた。

そんななか、2021年の年末に有澤和歌子さんとつながった。Facebook 上のやり取りであったため、最初は「何の目的でつながろうとしているのか」と少し疑われたが、彼女がやっていた「透明の箱」をより多くの生徒に知ってもらう活動にはすごく興味があったし、どういうわけか、同じ方向性を感じてしまった（第6章参照）。

「答えのない教室」は、言ってみれば、学びの既成概念を崩す作業である。受動的な状態から能動的になっていく過程である。今考えれば、「透明な箱」との親和性が非常に高い教授法となる。

Zoom での対話を通して、日本の学校で「答えのない教室」の実践をしてみようという話になった。2022年の夏、東京から大阪の小中高校と大学において「答えのない教室」の授業実践ができたことは、ひとえに有澤さんの人脈とこれまでの活動で築き上げられた人徳によるものである。感謝の言葉に尽きない。実際、授業を体験したり、見てもらったことで予想以上の反響をいただいている。それだけに、「答えのない教室」を日本で広めたいという気持ちがさらに強くなった。

そして、有澤さんと協力して、本を出版しようという話になった。最初は、ピーター・リリヤドール教授が著した『*Building Thinking Classroom in Mathematics*（数学における考える教

教育大学での授業実践。有澤氏と武市氏も取り組む（左）

室のつくり方）』を翻訳したいという思いが強く、数社の出版
社に打診してみてが、返信すらないという結果に終わった。そ
んななか、新評論の武市一幸さんが「話だけは聞いてみよう」
と言ってくださった。また、東京にある国立の教育大学で授業
実践をすると伝えると、「一度見てみたい」とも言ってくださ
った。オンラインでのミーティングを何度か繰り返し、帰国し
た際に会って話すなか、「翻訳出版は時期尚早」という結論に
至った。

　原著は300ページ以上もあるので、翻訳すると400ページ以上
になる可能性があること。そして、教師が読みながら、自分の
クラスを自由に考えて構築していくことをベースにして書かれ
ている原著では、「マニュアル第一」の日本の教育関係者には
伝わらないという結論となった。

　そこで、2022年の夏に８か所で行った授業実践をベースにし
て、原著の序章（イントロ）ともなる本を書こうという話にな

った。もちろん、本などは書いたことがない。それに、私にとって国語は苦手な科目である。読書をするといっても、基本的には情報を得るためのものでしかない。そんな私が本を書くというのだ。かなりの無理があったのは事実だ。

おかしな日本語が山ほどあっただろうし、英語環境に15年以上も身を置いているせいもあり、英語の癖が出てしまうということも多々あった。要するに、よく分からない日本語を書いている私の文章を、武市さんは根気よく読んでくださった。文意が分からなければ根気よく確認してくださったし、文意がより読者に伝わるようにと、加筆までしてくださった。本当に感謝してもしきれない。

余談だが、武市氏と対面で会うという機会はことのほか楽しかった。ミーティングの半分以上は雑談となっていたが、その雑談のなかに、教育にかける熱い思いと武市さんの人となりを見た。「当たり前に疑問をもつ」ということは、日本ではともすると異端者と同義語になることがある。同じ異端者の匂いを、武市さんからも感じた。

「日本に何か還元したい」という思いからはじまった本づくりだが、何とか出版までたどり着けた。授業実践に協力してくださり、各教育機関の窓口となってくださった、かえつ有明の青木孝史先生、大谷高校の江藤由布先生、市邨中学校高等学校の矢田修先生、滝学園の清水敬介先生、富田小学校の高井邦彰先生、株式会社ジプロスの鏑木稔さん、東京学芸大学3年生の星いくみさんにはこの場をお借りして御礼を申し上げたい。

　また、各章の扉などに掲載させていただいたイラストを描いた「Jack森崎恭平」さんには、お詫びとともに御礼を申し上げたい。「イラストを描いてほしい」とお願いをした際、森崎さんは本書の原稿をすべて読み、各章ごとのストーリーを1枚のイラストに仕上げてくれたのだが、実際の掲載がその一部となってしまったことに「お詫び」を申し上げたい。もちろん、完成作品は保存しているので、機会があれば公開したいと思っている。

　そして、有澤さんと武市さんには、日本での活動において、より多くの教育関係者、保護者、生徒に「考える楽しみ」を伝えていく活動のパートナーとして、ご協力いただければと思っている。

　最後になるが、私がやりたいことを追求できたのも、カナダという地で教育アシスタント（EA）として働きながら教員への道を諦めずに達成できたのも、日本で自由に活動できるのも、よき妻であり、双子の子どものよき母でもある梅木伸子があってのことである。私の精神的支柱であり、どのようなことがあっても私を信じてくれる存在でもある。数々の縁があって今の自分は生かされていると先ほど言ったが、「彼女なしには今の自分はない」と言い切れる。「ありがとう！」のひと言では全然足りないが、感謝の気持ちをここに記しておきたい。

2023年11月18日

梅木卓也

参考文献一覧

- Skemp, R. R. (2012). *The psychology of learning mathematics: Expanded American edition.* Routledge.（電子版）
- Liljedahl, P. (2020). *Building thinking classrooms in mathematics, grades K-12: 14 teaching practices for enhancing learning.* Corwin press.
- Hewitt, D. (1999). Arbitrary and necessary part 1: A way of viewing the mathematics curriculum. *For the learning of Mathematics, 19(3)*, 2-9.

著者紹介

梅木　卓也（うめき・たくや）
バンクーバー学区公立高校教師
2007年度よりワーキングホリデイをきっかけにカナダで学童保育や障害児サポート等に携わり、2019年度よりバンクーバー市の公立高校にて数学教員となる。現在仕事の傍らサイモンフレイザー大学にて数学教育の修士課程在学中。
生徒主体の学び方「答えのない教室」認定講師。海外で先生になりたい人たちを応援するサロンを運営。カナダと日本両方で教員研修や教員養成に関わっていくことが現在の目標。
趣味は読書とカフェめぐり。双子の父。

有澤和歌子（ありさわ・わかこ）
富山県出身、青山学院大学経営学部卒業。
現在、Denmark 株式会社代表取締役。
25年にわたる富士通株式会社への勤務後、複数のベンチャー企業に勤務。2016年よりキリロム工科大学（カンボジア）の事業に携わり、海外での学びの重要性と日本の学校現場のグローバル化の遅れを痛感。子どもたちのために大人が変わる必要があると感じ、「大人が変態する学校」を体験すべくデンマークのフォルケホイスコーレに留学。帰国後の2021年に起業し、現在は「47都道府県にインターナショナルスクール設置」を目指して奮闘中。
一般社団法人アナザーステージ理事。Flamingo Magic Hat アンバサダー。とやまふるさと大使。さぬきピアラーニングハブアドバイザー。

答えのない教室——3人で「考える」算数・数学

2024年2月25日　初版第1刷発行

著　者	梅　木　卓　也 有　澤　和　歌　子
発行者	武　市　一　幸
発行所	株式会社　新　評　論

〒169-0051　東京都新宿区西早稲田3-16-28
http://www.shinhyoron.co.jp

T E L 03 (3202) 7391
F A X 03 (3202) 5832
振　替 00160-1-113487

定価はカバーに表示してあります
落丁・乱丁本はお取り替えします

装　幀　山田英春
印　刷　フォレスト
製　本　中永製本所
いらすと：Jack森崎恭平

J・メイソン＋K・ステイスィー／
　　　　　　　　　　吉田新一郎 訳

教科書では学べない
　　　　数学的思考

「ウ〜ン！」と「アハ！」から学ぶ

算数・数学ぎらいがこの1冊で解消！　生活に
密着した例題を楽しみながら解くうち、いつし
かあなたも論理的思考の達人！

四六並製　304 頁　2640 円　ISBN978-4-7948-1117-2

P・ロックハート／吉田新一郎　訳

算数・数学は
　　　　アートだ！

ワクワクする問題を子どもたちに

**キース・デブリン（スタンフォード大学）すいせ
ん！** 算数・数学の芸術性、表現の手法として
の価値と魅力に気づかせてくれる名著！

四六並製　188 頁　1870 円　ISBN978-4-7948-1035-9

＊表示価格はすべて税込み価格です。